"天盾安防"系列

中小学校园安全防护手册

ZHONGXIAOXUEXIAOYUAN
ANQUAN
FANGHUSHOUCE

张根田 ◎ 主编

世界知识出版社

图书在版编目 CIP 数据

中小学校园安全防护手册 / 张根田主编 . —北京：
世界知识出版社，2014.12
（天盾安防系列）
ISBN 978-7-5012-4817-9

Ⅰ.①中… Ⅱ.①张… Ⅲ.①中小学–学校管理–安全防护–手册
Ⅳ.①G637.4-62
中国版本图书馆CIP数据核字（2014）第312583号

策划编辑	贾丽红
责任编辑	贾丽红
文字编辑	刘 喆　贾丽红
责任出版	赵　玥

书　　名	中小学校园安全防护手册 Zhongxiaoxue Xiaoyuan Anquan Fanghu Shouce
主　　编	张根田
出版发行	世界知识出版社
地址邮编	北京市东城区干面胡同51号（100010）
网　　址	www.wap1934.com
电　　话	010-65265923（发行）　010-85119023（邮购）
经　　销	新华书店
印　　刷	北京晨旭印刷厂
开本印张	710×1000毫米　1/16　15.5 印张
字　　数	242 千字
版次印次	2015 年 1 月第一版　2015 年 1 月第一次印刷
标准书号	ISBN 978-7-5012-4817-9
定　　价	38.00元

版权所有　侵权必究

　　安全是社会发展的前提,是人类的根本,是生存和发展的保障,它伴随着人类历史发展的全过程。

　　校园安全问题是一个为社会各界所关注的热点问题。据有关资料表明,我国每年因各种交通事故、建筑物倒塌、食物中毒、溺水、治安事故等伤亡的中小学生,平均每天有40多人。保护好每个学生,使发生在他们身边的意外事故减少到最低限度,关系到千家万户的切实利益,是各级学校教育和管理工作的重要内容。

　　中小学生在校生活期间难免面对各种各样的危险,这些危险或是潜在的,或是明显的,或是因为无知造成的,或是由于明知故犯带来的等等。那么,我们该如何保证中小学生在校园的安全呢?

　　做好校园安全工作,除了要建立健全校园安全制度,规范校园安全管理行为以外,还要注重增强学校、家长和学生的安全防范意识,特别是要提高学生的自我保护能力和自救能力。

　　本书内容发人深省,语言通俗易懂,从学生的校园生活安全、饮食安全、意外伤害的防范与自救、心理呵护等几个方面切入,通过发人深省的校园安全事例、科学的道理、实用的知识和方法,提高学生的自我防护意识,教给学生科学、正确应对危险的方法,让学生们既能有效保护自己,又能营造平安、和谐的校园风气。

　　总之,本书在编写时注重理论和实际的有效结合,理论知识以够用为原则,注重实际操作和应用,力求使本书成为安全知识完备,技能操作简单易懂,内容既有时代的新鲜感,又有知识的厚重感的安全知识读物,使学生通过学习能受到启发,从而保证自身安全。

Catalogue 目录

第一章 让学校远离危险——平安校园 / 1

- 何谓校园安全 …………………………………… 3
- 校园安全管理的任务 …………………………… 5
- 如何进行校园安全管理 ………………………… 8
- 常见的校园安全事件 …………………………… 10
- 校园突发事件 …………………………………… 12
- 校园必需的医疗器械 …………………………… 14
- 明确学校门卫职责 ……………………………… 16
- 通过"硬件"保障安全 ………………………… 18
- 争创和谐平安校园 ……………………………… 20

第二章 危险就在身边——人身安全 / 23

- "三大"课间意外伤害事故 …………………… 25
- 课间活动事故如何预防 ………………………… 27
- 体育课上如何预防事故 ………………………… 29
- 危险玩具玩不得 ………………………………… 31
- 集体活动危险多 ………………………………… 34
- 踩踏事故频现校园 ……………………………… 36
- 无处不在的传染病 ……………………………… 39
- 我在浴室晕倒了 ………………………………… 41
- 别让校园宠物伤了你 …………………………… 43

- 认识食物中毒 ……………………………… 46
- 食物中毒的预防和救护措施 ……………… 49
- 校园劳动安全 ……………………………… 52
- 识别校园盗窃 ……………………………… 55
- 巧与盗贼做"斗争" ……………………… 58
- 宿舍被盗要冷静 …………………………… 60
- 校园内也有交通事故 ……………………… 62
- 在学校如何防雷 …………………………… 65
- 教室遇到地震我不怕 ……………………… 68
- 实验室里"巧"避震 ……………………… 70

第三章 让孩子快乐地成长——实验安全和体育 / 73

- 实验课上的安全防范 ……………………… 75
- 实验室伤害如何急救 ……………………… 78
- 体育事故的缘由 …………………………… 80
- 体育课安全小提示 ………………………… 82
- 体育课安全措施 …………………………… 84
- 体育锻炼中的"三大"忌讳 ……………… 86
- 体育运动前要先热身 ……………………… 88
- 小腿抽筋了怎么办 ………………………… 90
- 如何消除肌肉酸痛感 ……………………… 92
- 闪腰了怎么办 ……………………………… 94
- 崴脚了怎么办 ……………………………… 96
- 谨防运动会上发生意外 …………………… 98
- 体育课上穿着有讲究 ……………………… 100
- 小心打篮球时受伤 ………………………… 101
- 打篮球时受伤怎么办 ……………………… 102
- 踢足球时要注意安全 ……………………… 104
- 打乒乓球如何保障安全 …………………… 106
- 打羽毛球如何保障安全 …………………… 110

第四章 火电隐患猛于虎——用火用电安全 / 113

- 校园火灾原因大盘点 …………………………… 115
- 校园火灾隐患多 ………………………………… 117
- 在校园要远离香烟 ……………………………… 120
- 学校宿舍防火小常识 …………………………… 122
- 实验室里的火灾隐患 …………………………… 124
- 实验室如何防火 ………………………………… 126
- 如何救护窒息者 ………………………………… 128
- 学校用电安全事故原因 ………………………… 131
- 照明灯具也会引起火灾 ………………………… 133
- 如何预防照明灯发生火灾 ……………………… 135
- 预防触电事故的发生 …………………………… 138
- 人触电后有哪些症状 …………………………… 140

第五章 对校园侵害说"不"——校园伤害 / 143

- 校园暴力及其原因 ……………………………… 145
- 校园暴力危害多 ………………………………… 147
- 向校园暴力说"不" …………………………… 149
- 坏孩子欺负我怎么办 …………………………… 152
- 寝室安全措施 …………………………………… 155
- 校园诈骗手段多 ………………………………… 157
- 我为什么那么好骗 ……………………………… 159
- "四招"让你远离校园诈骗 …………………… 161
- 谨防手机短信诈骗 ……………………………… 163
- 远离校园性骚扰 ………………………………… 165
- 遭遇强奸时的应对方法 ………………………… 167
- "四大"场所巧防强奸 ………………………… 170
- 巧妙应对流氓滋事 ……………………………… 173
- 避免与同学发生斗殴 …………………………… 176

- 被拐卖了怎么办 ⋯⋯⋯⋯⋯⋯⋯⋯⋯⋯⋯⋯ 178
- 遭遇抢夺时的应对技巧 ⋯⋯⋯⋯⋯⋯⋯ 179
- 网络诈骗手段多 ⋯⋯⋯⋯⋯⋯⋯⋯⋯⋯ 181
- 远离黄毒的"污染" ⋯⋯⋯⋯⋯⋯⋯⋯ 184
- 别让毒品"染"上你 ⋯⋯⋯⋯⋯⋯⋯⋯ 186
- 我不和烟酒"做朋友" ⋯⋯⋯⋯⋯⋯⋯ 188

第六章 自己的心情自己爱——呵护心灵 / 191

- 形形色色的学生心理问题 ⋯⋯⋯⋯⋯⋯ 193
- 心理问题产生的原因 ⋯⋯⋯⋯⋯⋯⋯⋯ 196
- 巧妙处理同学间的矛盾 ⋯⋯⋯⋯⋯⋯⋯ 200
- 和睦相处的秘诀 ⋯⋯⋯⋯⋯⋯⋯⋯⋯⋯ 203
- 正确排解嫉妒心理 ⋯⋯⋯⋯⋯⋯⋯⋯⋯ 207
- 当你遭受嫉妒时怎么办 ⋯⋯⋯⋯⋯⋯⋯ 209
- 教你摆脱自卑心理 ⋯⋯⋯⋯⋯⋯⋯⋯⋯ 212
- 上课"走神"怎么办 ⋯⋯⋯⋯⋯⋯⋯⋯ 214
- 摆脱学习上的懒惰 ⋯⋯⋯⋯⋯⋯⋯⋯⋯ 218
- 学会和郁闷说再见 ⋯⋯⋯⋯⋯⋯⋯⋯⋯ 220

第一章 让学校远离危险——平安校园

TIAN DUN AN FANG

校园安全与每个老师、学生、家长和社会有着紧密的关系。从广义上讲，校园安全事故是指学生在校期间，由于某种偶然突发的因素而导致的人为伤害事件。就其特点而言，责任人一般是因为疏忽大意过失失职，而不是因为故意而导致事故的发生。因此，共创平安校园的意义无疑是十分重大的。

引例

2010年4月28日下午3时许，湛江雷州市雷城第一小学发生一起恶性校园事件。一名男子混入该小学，持刀砍伤15名学生和一名为保护学生而与歹徒搏斗的老师。一名学生躲避时摔伤。雷州市政府发布消息称，经初步调查，该行凶男子是随外校前来参加公开课的教师一起混入雷城一小教学楼的。

2005年12月12日饭后，李某来到河南省济源县某学校附近，等候高某某的儿子高某来校。高某进入校门后，李某跟着进入学校，以父亲叫其为由，将高某骗走。李某带走高某后于当天将其杀害。

通过上述案例，我们可以发现学校安全工作是全社会安全工作的一个十分重要的组成部分。它直接关系到青少年学生能否安全、健康地成长，关系到千千万万个家庭的幸福安宁和社会稳定。

何谓校园安全

所谓安全，顾名思义，"无危则安，无缺则全"，即安全意味着没有危险且尽善尽美。随着对安全问题研究的逐步深入，人类对安全的概念有了更深的认识，并从不同的角度给它下了各种定义：

（1）安全是指客观事物的危险程度能够为人们普遍接受的状态。

安全是相对的，不是绝对的，安全与危险之间是辩证的关系。例如，某些中小学食堂从业人员没有健康合格证，并非没有发生传染病的危险，只是人们普遍接受了该危险发生的可能性。而国家文件明文规定，学校食堂从业人员必须进行健康检查，是因为发生安全事故的严重性和可能性让人们无法接受。这体现了安全与危险的相对性。当系统的危险性降低到某种程度时，该系统即是安全的，而这种程度是为人们所普遍接受的状态。

（2）安全所存在的条件是不会引起死亡，伤害，财产、设备的损坏、损失，或环境危害。

人们对安全的认识从开始时仅仅关注人身伤害，发展到关注财产或设备的损坏、损失。校园安全当然也包括学校师生的人身、财产以及学校的教学设施、设备的安全。引发安全事故的原因也是多种多样的，包括自然原因、人为原因等。灾害类型也有多种，包括治安灾害事故、地震等。

（3）不安全状态可能导致因人、机、媒介相互作用而导致的系统损失、人员伤害、财物损失，还包括任务受影响或造成时间的损失。

将安全的概念进一步扩展到了任务受影响或时间损失，对中小学而言，学校的教学活动、教学任务是否顺利进行和按时完成当然也是安全的一部分。

综上所述，随着人们认识的不断深入，安全的概念已不是传统的死亡或伤害，它涉及人类生产、生活、生存活动中的各个领域。根据以上对安全的简单论述，可以得出关于校园安全的概念，即，校园安全是学校日常活动的一项重要内容，它通过安全管理、危机管理（应急管理）的手段，实现控制安全事故、消除安全隐患的目标，以保证师生人身和财产安全，保障教学活动顺利进行、教学任务按时完成，并最终保证整个学校达到最佳安全水平。

校园安全管理的任务

鉴于中小学生身体和心理的特殊性，中小学安全管理的任务主要体现在以下几个方面：

 **1. 保证校园教学工作正常进行**

中小学对一个国家、民族未来的发展是极其重要的，如果学校没有正常的教学秩序和安定的环境，教学活动就无法进行，知识也就无法传播，人才也就失去了培养的途径，国家也就谈不上发展，社会也就会缺乏推动进步的力量。因此，校园安全是一个至关重要的问题，保证学校教学工作正常进行是校园安全管理的基本任务之一。

 **2. 保证中小学师生人身安全**

人对安全的需求是与生俱来的。美国心理学家马斯洛的需要层次理论指出，人的需要是指人某种生理或心理上的不满足感，它可使人产生行动的动机。人在某一时刻最强烈的需要称为强势需要，它产生主导动机并直接导致人的行动。马斯洛将人的需要由低到高归纳为生理需要、安全需要、社会需要、尊重需要、求知需要、审美需要、自我实现需要七个层次。一般情况下，只有当某低层次的需要相对满足之后，某上一级需要才能转化为强势需要。在需要层次理论中我们可

以看到，除去生理的需要，对一个人来说最基本的需求就是对安全的需求。安全包括很多方面，但最基本的就是人身安全。对学校的师生来说，人身安全需求也是最基本的，只有人身安全需求得到满足，才能确保开展正常的工作、学习和生活。学校作为一个社会单位，当然应该承担确保其内部人员安全的责任，并且这也是对一个单位最低层次的要求。所以，保证校园师生人身安全无疑是校园安全管理基本任务之一。

3. 保证中小学及其学生的财产安全

中小学为了保证教学活动的正常进行和开展，一般会配备一定的教学设施，包括计算机、多媒体设备、体育设施等，这些设施对教学活动的正常开展和进行具有非常重要的意义，而由于这些设施往往价值比较高，又容易成为犯罪分子盗窃的目标，因此学校的安全管理工作要非常重视这些设施的安全。

中小学生由于年龄较小，自身防范能力较差，也非常容易成为校外不法分子抢劫和抢夺的对象，因此学校应当重视对于中小学生财产安全的保护，注重对他们的相关安全教育，从而保证他们的财产安全。

4. 维护校园内部及其周边的治安秩序

加强校园内部及其周边的安全管理，维护校园内部及周边的治安秩序，是学校安全管理工作中的一项经常性工作。

校园内部及周边的治安秩序是整个社会治安秩序的重要组成部分，校园治安秩序的好坏直接影响到中小学生的人身安全，进而影响到学生家庭的稳定和社会的和谐稳定。

校园内部及周边的治安秩序管理本着依法管理、严密管理、文明管理、科学管理的原则，严密各项管理制度，落实各项治安管理措施，实行治安保卫责任制，深入贯彻综合治理的方针，努力为中小学创造良好的教学秩序和生活环境，以保证校园正常的治安秩序。

5. 预防和处置校园内部的各类事故

校园发生的各类事故是对校园内部安全的一个重大威胁。中小学的教学、生活中发生的各类事故,尤其是一些重大事故,给学校和社会带来了巨大的损失和严重的不良影响。可以说,每一起重大事故都是一幕悲剧,甚至是一场灾难。

宣传事故危害,预防事故发生,发生事故后及时进行初期处置,是校园管理工作的基本任务之一。为预防各类事故发生,要严格执行校园的各类安全制度,加强对中小学内部各类事故隐患的排查,健全各类安全组织、落实安全责任。为使事故发生后的损失降至最低,要制订应急处置预案,积极进行救援,防止危害范围扩大。校园内部的安全管理组织还应协助政府有关部门对事故进行认真调查,做到查不清原因不放过;当事人和广大师生受不到教育不放过;整改措施落不到实处不放过。通过对已发生的灾害事故的调查处理,达到预防同类事故再发生的目的。

如何进行校园安全管理

校园的安全管理措施应详细周全,事先制订预案和操作规范,并实行严格的安全管理规章制度。

(1)健全门卫制度,严禁非教学用的易燃易爆、有毒物品、管制器具进入校园,严禁机动车辆和闲杂人员进入校园。进出校园要严格把关,严格登记、验证工作。门卫要认真履行职责,丝毫不能懈怠,把好进出校门第一关。

(2)校园的路灯,楼道的电灯,楼梯的扶手,走道的栏杆,用水、用电、用气等相关设施设备要经常检查、维修。

(3)加强寝管人员的职责,值班室夜间要有人值班。一旦有事故发生,要保障安全出口、通道的畅通,组织施救、疏散学生。

(4)食堂食品定点采购、索证和登记,做好饭菜的留验和记录工作。

(5)危险化学物品、放射性物质要存放在安全地方,不能让学生接触或带出实验室。

(6)学生有先天性疾病、特异体质的情况要报告老师,建立和妥善保管学生健康档案,给予特别的关心和照顾,并依法保护学生的个人隐私。

(7)建立中小学学生安全信息通报制度。学生在校、放假、返校时有非正常缺席或擅自离校情况的,要及时通知其监护人。联系电话要做到及时更正,保证信息畅通。

(8)对住宿生的管理要实行夜间巡查、值班制度,特别要加强女生宿舍的安全管理。

(9)注意交通安全和接送学生的校车管理。

（10）建立安全工作档案，记录日常安全工作、安全责任落实、安全检查、安全隐患消除等情况。

（11）注意易发事故的时间：体育课、劳动课、自习课、夜间休息；区域：楼道、走廊、宿舍、厕所；类型：打架斗殴、翻院墙、交通、用水、用电、火灾、自然灾害等。

（12）大型集体活动时防止拥挤踩踏。上课的老师一定要维持秩序，合理安排疏散时间，分时段、分楼层有序下楼。

（13）安全知识要渗透到教学活动中，多利用读报、放假前、开学初、升旗时的时间开展安全教育。

（14）校园内发生安全事故及自然灾害时，应及时启动应急预案。全员参与救援、疏散、报警和上报家长及上级部门，保障学生身体健康和财产安全。

（15）教师生活区的安全问题同样不容忽视。

总之，安全无小事，要时时讲安全，事事讲安全，以人为本，预防为主。增强学生安全防范意识，提高学生自我防护能力，掌握避险、逃生、自救的方法。争取做到零伤亡，杜绝大型恶性事件的发生。全体教职工及其保卫人员应高度重视、齐抓共管，共同关注校园安全问题，做好"警之于先、察之于后"的各项工作，为创建平安校园尽一份力。

常见的校园安全事件

现在通常所说的校园安全事件一般是指在事先没有预见的情况下围绕学校发生的,可能直接或间接威胁到学校正常的教育教学秩序,并会带来一系列不良后果,而以学校现有的人力与资源难以立即有效解决的紧急事件。

校园安全事件既有一般事件所具有的共性,通常又表现出各自的特点。一是责任人一般是因为疏忽大意、过失或失职,导致事故的发生不是有意为之;二是外部暴力袭击校园导致的伤害事件。

总体来看,校园安全事件主要表现在以下方面:

(1)不当活动事故。这种情况一般包括体育活动事故、劳动或社会实践事故等。举例说明:学生在课余时间相互追逐、打闹时采用不正确的方式,使用笔、石子、小刀、玩具等器械造成的不同程度的人身伤害等。

(2)挤压、践踏事故。学校人员众多,因此放学和下课时在楼道、门口等黑暗和狭窄的地方互相争先而造成的挤压、践踏等事故。

(3)校园暴力事故。发生这类事故通常是由于学校安全保卫制度不健全,防范措施不够所导致的。这类事故主要表现在:为讲义气拉帮结伙,为了鸡毛蒜皮的小事使用武力,盲目消费导致偷盗,不良交往被人拉下水,体罚行为等。

(4)消防事故。现代社会电器繁多,很多在校学生常常因为取暖、用电不当而造成火灾、触电等事故。

(5)自然灾害事故。一般说来,学生的自救自护能力差,遇到暴风雨、地震、洪水等自然灾害无法有效防卫造成的伤害。

(6)学生的身心健康事故。这一类事故主要是指学生身体特殊事故、家庭的不良影响导致的事故。例如，因学生特殊疾病、特殊身体素质、异常心理状态受到意外冲击而造成的伤害。现在很多学生通常不具备自立能力，没有坚强的意志，缺乏自信及独立人格，在这样的情况下，这样的学生遇到挫折走向极端是难以避免的。

（7）受社会犯罪现象影响导致的事故。这一类事故主要表现在杀人、重伤害、抢劫、强奸、斗殴等方面。

（8）在现代高速发达的社会，很多学生很容易受网络游戏、电视、电影等不良传媒的影响。某些宣传暴力、色情等有害中小学生身心健康发展的视频、图片或语言，常常被自制力不强的学生模仿。在这种情况之下，学生之间很容易发生暴力、打斗等不良行为。

校园突发事件

突然发生的事情我们通常称之为突发事件，在这个定义中我们很容易看出两层含义：第一层含义是事件发生、发展的速度很快，出乎意料；第二层含义是事件难以应对，这类事件一旦发生必须采取非常规方法来处理。

2007年11月1日起我国施行的《中华人民共和国突发事件应对法》规定，突发事件是指突然发生，造成或者可能造成严重社会危害，需要采取应急处置措施予以应对的自然灾害、事故灾难、公共卫生事件和社会安全事件。

突发事件的分级标准由国务院或者国务院确定的部门制定。突发事件预警级别一般依据突发事件可能造成的危害程度、波及范围、影响力大小、人员及财产损失等情况，由高到低划分为特别重大（Ⅰ级）、重大（Ⅱ级）、较大（Ⅲ级）、一般（Ⅳ级）四个级别，并依次采用红色、橙色、黄色、蓝色来加以表示。

现实中，校园突发事件的发生对学校安全、稳定的影响较大，这类事故一旦发生常常给学校的正常生活秩序带来十分严重的后果，甚至危及学生的生命和财产的安全。

综合来看，校园突发事件主要包括以下几方面：

（1）社会安全类。这类突发事件包括：校园内外涉及师生的各种非法集会、游行、示威、请愿以及集体罢餐、罢课、上访、聚众闹事等群体性事件；针对师生的各类恐怖袭击事件；师生非正常死亡、失踪等可能会引发影响校园和社会稳定的事件等。

（2）突发公共卫生事件，这类事件通常是指突然发生并造成或者可能造成师生健康严重损害的事件，主要包括发生在学校内的突发公共卫生事件和学校所在地区发生的可能对学校师生健康造成危害的突发公共卫生事件。

（3）考试泄密、违规事件。包括由教育系统组织的国家和省教育统一考试中，在命题管理、试卷印刷、运送、保管等环节出现纰漏的泄密事件，当然也包括考试实施和评卷组织管理过程中发生的违规操作事件。

（4）网络、信息安全事故。主要包括：利用校园网络发送有害信息，进行反动、色情、迷信等违法宣传活动；窃取国家及教育行政部门和学校保密信息，并因此带来严重后果的事件。

（5）除此之外，还有影响学校安全与稳定的其他突发公共事件。

突发事件发生后，有时候带来的后果常常是灾难性的，那么，我们对于校园突发事件究竟该如何应对呢？

（1）要做好校园突发事件的预防工作，可以从以下几个方面入手：

①聘用专职保安担任门卫工作，严格门卫登记、验证制度，对外来人员进入学校一律严格控制。

②对校内有精神病症状的人员加大管理力度。

③对可能引发矛盾、激化事件的当事人要做好矛盾的化解工作。

④加强对师生的法制和安全教育，增强师生的法制意识和自我保护意识。

⑤全校师生都要进行防范暴力事件预案的演习，通过这种方法来提高师生的防范能力。

（2）校园突发暴力事件的处理。

校园暴力事件发生后，最为重要的是保护学生的生命安全，发生这类事故时，一般按照下列程序处理：

①报警，可按紧急报警按钮或拨打110报警电话。

②选派应变能力强、口才较好、身体强壮的老师对犯罪嫌疑人进行劝说，从而为营救工作赢得时间。

③想尽办法采取措施，保护有关对象及全体学生。

④伤害事故发生后，在第一时间内将伤员送往就近医院进行抢救，并通知家长或亲属。

⑤对事故发生的现场一定要做好保护工作，配合警方调查。

校园必需的医疗器械

曾经有这样一篇报道：由于某小学医务室药品和医疗器械配备不全，一名小学生在体育课上严重摔伤后，未能及时获得急救，延误了病情，最后导致死亡。

中小学医务室由于分布在各学校内，规模不大，药品种类也比较少，极易成为药品监督管理的薄弱环节。而同时，中小学医务室又是专为学生提供医药服务的地方，服务对象具有特殊性，其用药安全的重要性显得尤为突出，直接关系着孩子们的安全和健康。因此，规范完善校医院的药品和医疗器械设备的采购及使用制度是非常重要的。

中小学校应当不断提高学校医务室从业人员素质，培养他们的责任意识、法律意识和管理使用药品、医疗器械的能力。规范药品、医疗器械的采购和使用，加强日常监督，防止假冒伪劣药品流入学校医务室，从根本上确保中小学生的用药安全。

学校应当常备的药品主要包括：

（1）抗菌素：如麦迪霉素、复方新诺明、诺氟沙星、乙酰螺旋霉素、黄连素、克霉唑等。

（2）消化不良药：如多酶片、复合维生素B、吗丁啉等。

（3）感冒类药：如感冒清、病毒灵、速效伤风胶囊、康泰克、银翘解毒片、板蓝根冲剂等。

（4）解热止痛药：如去痛片、扑热息痛、阿斯匹林等。

（5）胃肠解痉药：如654—2片、复方颠茄片等。

（6）镇咳祛痰平喘药：如咳必清、必嗽平、咳快好、舒喘灵等。

（7）抗过敏药：如扑尔敏、赛庚啶、息斯敏等。

（8）通便药：如果导、大黄苏打片、麻仁丸等。

（9）镇静催眠药：如安定、苯巴比妥等。

（10）解暑药：如人丹、十滴水、藿香正气水等。

（11）外用止痛药：如伤湿止痛膏、关节镇痛膏、麝香追风膏、红花油、活络油等。

（12）外用消炎消毒药：如酒精、紫药水、红药水、碘酒、高锰酸钾、创可贴等。

（13）其他类：风油精、清凉油、季德胜蛇药、84消毒液、消毒药棉、纱布胶布等。

学生在校医院或保健室用药时，应当事先向医护人员说明自己的病史和过敏史。另外，用药后有不良反应或其他不适，应当及时向医护人员、班主任老师、其他老师或者家长说明，避免延误治疗引发危险。

明确学校门卫职责

某市第三中学刘某是该校初二年级的一名学生,其食宿均在学校。2000年9月22日,刘某在吃了午饭后,见其他同学都在午休,而他自己不习惯午睡,故想外出,但又苦于没有学校规定的由班主任签发的请假条。于是,刘某趁门卫不注意偷偷溜到校外。刘某来到校外后,到处闲逛,来到了一条河边,随即脱了衣裤下河洗澡,但不知什么原因,原来会游泳的他却不幸溺水身亡。下午开始上课后,刘某未来上课,其他同学也不知道他的去向,老师感到事情严重,随即向校领导汇报。学校领导立即组织人员外出查找,同时派人通知了刘某的亲属。最后大家在校外的河边找到了刘某的尸体。经公安机关法医鉴定,刘某系自己溺水身亡。

由以上例子可以看出,学校门卫对校园安全负有十分重大的监管责任。学校门卫制度的建设,可从以下几个方面入手。

1. 健全门卫登记、检查制度,以及在学校安装监控设备

中小学要进一步建立健全校园治安保卫机构,加强人力、财力和物力的投入,特别要加强门卫管理,要配备能够切实履行职责的人员或者专职保安担任门卫。同时,切实规范出入管理制度,严格限制外来人员的出入,外来人员的出入都必须经过审核和登记。无正当理由,无有效证件的人员,推销人员,无特需、特批的各种车辆,坚决不许进入学校,强行进入的要立即报警。此外,也必须注意防止非教学用的易燃易爆物品、有毒有害物品和管制刀具等危险品进入校园。

为了防止犯罪分子进入学校侵犯学生和老师的人身安全,为了能够及时发现可疑分子，目前很多学校都在校园入口处安装了监控设备，校园的情况将通过联网监控，直接传输到公安局的监控设备中。这样可以提前对犯罪嫌疑人进行排查，防患于未然。如果只是在上、下学期间进行监控的话，就会出现监控的真空期，给可疑分子以可乘之机，使他们有了为下一步犯罪的准备时间，要将危险事件消灭在萌芽阶段。实时监控虽然可以预防危险事件，但突发危险事件后，与公安局联网报警才是重点，警力只有在犯罪第一时间到达，才能把对人员的伤害降到最低。

2. 学生不得被不熟悉的人员带出校门

班主任老师对学生每天的出缺席情况要了如指掌，特别是对缺席学生的原因、去向等要心中有数。学生在校期间（午饭时间除外），原则上不得随便离开校园；学生不得被不熟悉的人带出校园；学校及老师不得以任何理由把学生撵出课堂和校园。寄宿制学校，要安排事业心、责任感和安全意识强的人做宿舍管理员，建立健全外来人员出入登记、寝室点名登记、夜间巡查登记等宿舍管理制度。晚上，在学生上下课、晚自习和回宿舍期间及学生就寝后，要加大对重点路段和学生宿舍周围的巡逻和查看。

3. 划定家长等候区防止校门拥堵

各学校要在校门口两侧10米外视情况划定家长等候区，防止因接送学生造成校门口拥堵。校内人员出入的高峰时段，学校领导要在校门口值班。

通过"硬件"保障安全

要达到做好校园安全防范的目的,可以利用视频监控系统、防盗报警、门禁系统、电子围栏、电子巡逻系统等各种硬件设施对校园的安全进行保驾护航。

1. 校园视频监控系统

在现代校园中,使用最多、最普遍的安全防范系统是视频监控系统,视频监控系统一般分为实时监控、全方位监控、联网监控等。从各种视频监控系统发挥的作用看,监控系统在中小学的应用主要有两种:一种是用来作为校园安全的保安监控。监控点主要分布在学校大门、主要通道、重要场所(实验所、计算机中心、财务处等)、围墙、各建筑物出入口等。另一种是用来监考、教学和远程管理。不难看出的是,考场监控系统是近些年刚刚兴起的一大热点应用。

2. 校园防盗报警系统

校园安全防范中最实用、最基础的组成部分是校园防盗报警系统,这种装置的好处是,可以在发生突发状况时,让教师可以在尽可能短的时间内与外界取得联系,并借此得到援助。在这种情况之下,很多学校将其作为必备的安全防范设备之一。

从安装范围看,防盗报警装置主要是分布在校园的围墙、电教室、财务室、化学实验室等重要部位。目前很多中小学实现与"110"指挥中心自动报警系统联网,学校一旦遇险,学校值守人员可手工启动报警。

3. 校园门禁系统

门禁系统常常设置于校园重要部门的入口。用户采用非接触感应卡出入大门,通过电脑编程在控制主机上进行开门/关门的设定,系统可以任意对卡片的使用时间、使用地点进行设定,对门户的状态包括门的打开关闭、什么人、什么时间、什么地点等都被一一记录在电脑之中。除此之外,还应该看到的是,这种系统还可以通过硬件触点连接或通过网关与闭路监控,实现防盗及消防报警系统间协调联动。

4. 校园电子围栏

现代学校使用电子围栏也是较为普遍的。电子围栏是一种主动入侵防越围栏,对入侵企图做出反击,击退入侵者,延迟入侵时间,并且不威胁人的性命,并把入侵信号发送到安全部门监控设备上。在这种情况下,保证管理人员能及时了解报警区域的情况并在最短的时间内作出处理,从而保障校园安全。

5. 校园电子巡逻系统

在各种对校园的安全进行保障的硬件设施中,电子巡逻系统的好处是可以指定保安人员巡逻校园各区域及重要部位的巡逻路线,并安装巡逻点。校园保安巡逻管理系统包括地点卡、人员卡、巡逻棒、通讯座、管理软件等主要部分。工作原理是将地点卡作为巡逻地点或设备的标识,安放在巡逻路线的关键点上。保安用巡逻棒读取人员卡后开始巡逻,巡逻过程中用巡逻棒读取地点卡,将巡逻时间和地点被记录在巡逻棒中,定期将巡逻棒中的巡逻记录上传到计算机中。

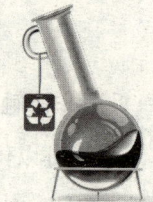

争创和谐平安校园

平安校园内涵丰富，它既是校内治安良好的狭义"平安"，又涵盖校内思想政治稳定，饮食、交通、医疗、消防、网络等方面的广义"平安"。因此平安校园是一项系统工程，需要全校师生员工共同努力，齐抓共管，常抓不懈，做到"四个确保"——确保校内治安状况良好，确保教学科研运行稳健，确保教职员工安居乐业，确保学子专心向学。创建平安校园的注意事项包括以下六点：

（1）注意课间安全。课间不做剧烈活动，避免发生各种意外伤害事故；上下楼梯靠右行，不骑坐楼梯扶手，不攀爬高墙，不拥挤，不抢道；不在教学楼内打球、踢球，不乱扔各种物品。

（2）加强安全意识。体育活动、实验课、社会实践及其他户外活动要严格服从老师指挥，严格操作规程，不能擅自行动。

（3）遵守交通秩序。过马路要走人行横道，做到"宁等三分钟，不抢一秒钟"，不坐超载车，不坐无牌无证车。

（4）讲究饮食卫生。尽量不在校外的摊点吃零食；不乱扔果皮纸屑，养成良好的卫生习惯。

（5）认真做好防火、防震、防触电和防侵害。遵守用电用火管理规定，爱护消防设施和电器设备，不把火种带入校园，不在校内放鞭炮；不吸烟，不玩火，要阻止同学焚烧废弃物；不随意接触各种电器。

（6）学会自护自救，不断提高防御能力。学会一些简单的防护办法，遇到突发事件要冷静对待，积极维护校园安全。

另外，参与创建平安校园的主要途径和措施包括以下六点：

（1）坚持学生安全通报制度。填写学生安全通报记录表，及时发现存在的安全隐患，保障学生的人身安全。

（2）设立校园安全岗，细化安全责任制。建立校园安全岗巡视制度，维护校园安全秩序，杜绝课间安全事故的发生。

（3）签订安全责任书，强化安全责任意识。签订不同职责要求的安全责任书，杜绝安全意识淡薄而造成的安全隐患。

（4）强化校园安全文化建设，设置形式多样、教育意义显著的安全警示牌、标语，充分发挥育人功能。

（5）定期进行安全演练，夯实安全防范措施。结合防火、防震、防灾等多项教育内容，定期讲解在遇到重大险情时的疏散、自救方法，同时举办不同类型的逃生演练活动，在潜移默化中锻炼并提高学生遇到紧急问题时的应对能力及自我保护能力。

（6）创新安全教育形式，提高学生自护意识。通过丰富多彩，形式新颖的教育活动，促使学生主动参与安全知识的学习，从而提高学生的自护意识。

第二章 危险就在身边——人身安全

TIAN DUN AN FANG

　　学生安全，牵动万家。而当今生活环境的千变万化，社会诸多的不确定因素，家庭的过多保护，使许多学生面对具体问题时显得束手无策。无论是教师、父母或是警察等，都不可能给孩子安全一生的承诺和保护。因此，只有学生自身具备了安全意识和能力，方可一生平安。

引例

2010年4月，某小学要组织春游，兴奋的孩子们下楼梯时莽莽撞撞，有几个孩子被上面力气大的孩子撞到楼梯下面，致使身上多处受伤。

无独有偶，另一所小学的学生洋洋在课间休息时，被正在玩闹的同学撞了一下，从教室二楼楼梯栏杆直接摔了下来。

当时洋洋感到很惊奇，自己居然没有"受伤"，而且当时也没有老师在场，所以洋洋就没有去医院检查，只是周围看到这一状况的同学们将洋洋扶到了教室里，让他趴在课桌上休息。可是，过了一会儿，洋洋一个劲儿说不舒服，这时候老师打电话将洋洋的父母叫来。随后，洋洋被送进了医院，而此时的他已经抽搐得很严重了。最后经过医生的奋力抢救，洋洋的症状才有所缓解，而结果是洋洋颅底骨折，并且会有外伤性脑癫痫后遗症。洋洋小小年纪就遭受如此大的身体创伤，导致洋洋的父母和老师，还有洋洋本人都伤心不已。

通过上述案例我们发现，在学校生活中危害学生安全的事件随时都有可能发生。因此，学校作为中小学生学习和生活的重要场所，在保障学生生活安全的同时也要加强学生自身安全意识的培养。

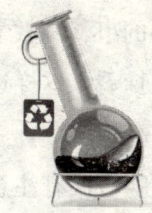

"三大"课间意外伤害事故

9岁的多多在一家民办小学读三年级。在课间活动时,多多和几个小伙伴一起到操场上玩双杠,其中有一个名叫飞飞的男孩很淘气,当多多正在双杠上"倒挂金钩"的时候,飞飞故意来吓唬多多,趁着她不注意时冲着她大声"啊"了一声,并推了她一把。

这下可不得了了,多多一下子栽到地上,顿时头破血流,疼得她哇哇大哭。

得知情况的班主任老师急忙赶来,抱着多多去了离学校最近的医院。经医生检查,多多虽然没什么大事,但是由于伤口较大,还是缝了五六针。

中小学生活泼好动,但由此引发的课间伤害事故也是接连不断。概括来说,学生课间的伤害事故主要表现在拥挤伤害、追逐伤害和游戏伤害三个方面。

 **1. 拥挤伤害**

这种伤害主要发生在教室门口和楼道。课间10分钟学生大量聚集到教室门口和楼道,加上学生年龄小,安全意识差,拥挤现象难以避免。一旦有一名学生失足跌倒,就极有可能造成严重的人身伤害,甚至危及生命。

2. 追逐伤害

学生精力旺盛，好运动，特别是男同学常会为了很小的事，满教学楼地追逐打闹。在追逐过程中，跑在前面的常常会不由自主地回头探看。这样边跑边看最危险，倘若学生手中再拿有竹棒等小物件，危险程度就更高了。

下课后，9岁的晓雪和几名同学在教室内追来追去。晓雪没有注意到身边的凳子，一下子被绊倒了，脑袋磕在了桌边，立刻起了一个大包。同学马上跑去找到老师，老师把晓雪带到医院检查，结果显示有轻微的脑震荡。于是，老师把晓雪送回家，让她休息几天。

当晓雪妈妈看到晓雪后，第一句话就说："怎么这么不注意呢？"晓雪无奈地说："我根本就没注意到身边的凳子，也没想到教室内的桌椅板凳会让我受伤。"

3. 游戏伤害

课间10分钟是游戏伤害的多发时间。究其原因，一是游戏本身隐含了危险因素；二是游戏的地点常常不是在宽阔的操场，而是在教学楼的走廊上或教室前。课间的危险游戏有：

（1）斗独腿（拐脚）。学生斗独腿时，身体重心不稳，极易摔倒。无论是撞到别人身上，还是摔在硬质的廊道上都会造成伤害。若是群斗，危险更甚。

（2）抽陀螺。抽陀螺的危险不在陀螺本身，而在于抽的工具。鞭子在空中飞舞，学生逐陀螺而戏，玩得兴高采烈，却不知道，陀螺到哪，鞭子到哪，危险也到哪。轻则在人家脸上抽出一道血痕，重则会抽裂耳朵、抽瞎眼睛。

其他危险的游戏还有"跳楼梯"、扔飞镖、射击等。

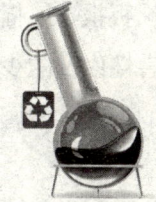
课间活动事故如何预防

课间是同学们休息的时间,通常大家都会到教室外呼吸新鲜空气,并适当活动休息,准备下一节课的学习。不过,中小学生大都生性好动,有些学生在这方面表现得比较突出,下课后就喜欢你追我赶,因此也常常闹出事情来。

那么,应该如何防止在校园里因打闹造成的伤害事故呢?以下五点对每个学生都很有启发。

第一,人人树立安全意识最重要。事故都是偶然的,可是,偶然的背后有必然的因素,这就是我们的疏忽和大意。要避免上述校园伤害事故,首先要确立的就是每个同学的安全意识,有了这个用理智构建起来的警钟,一旦出现危险的苗头,就会有学生及时提醒,事故就会在萌芽中被遏制。

第二,积极参与制定校园课间安全规则。有的学校请全体学生参与制定校园课间安全规则,先征集各种方案,再召开学生听证会,让每个同学在参与中形成主体意识。不少同学对学校强化课间安全管理有自己的意见。如有同学指出,课间应当保证学生的时间,课间事情很多,上厕所、送作业、准备下一节课用品、休息等,如果教师"拖堂"就会造成课间时间过紧,而导致学生为赶时间而奔跑,因此,全体教师要遵守准时下课的规定。还有同学提出各班由学生轮流值勤,以提醒经常乱跑或打闹的同学,实现学生的自我管理。这些都是好方法,可供大家选择。

第三,开展有益而安全的活动,以取代危险活动。好动是学生的天性,与其让同学们追逐打闹,不如让他们参与踢毽子、跳绳、打羽毛球等运动量不大而又相对安全的活动,这样可以有效避免课间危险。

第四,制作安全标志,挂牌示警。在可能出现事故的楼梯、台阶、走廊等区域的醒目位置,挂上安全警示牌。如禁止起哄、推搡;人多时不要系鞋带、捡东西;校园里不得追逐打闹等。

第五,开展各种校园安全宣传活动。利用班会、黑板报、广播台、校报、校园戏剧等各种形式,经常性地宣传校园课间事故的危害性以及减少事故的各种有效措施,使维护安全,排除安全隐患成为每一个学生的习惯,校园课间安全问题就能得到妥善解决。

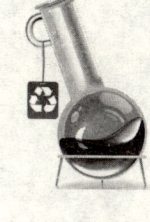

体育课上如何预防事故

怎样才能在体育课上达到既锻炼又安全的目标呢？

首先，要尽可能穿运动服和运动鞋上课。因为运动服比较宽松，运动鞋既轻便又能在运动时起到缓冲作用，能避免脚和腿受伤。当然，如果没有运动衣可以穿宽松一些的衣服，没有运动鞋可以穿布鞋。不过，布鞋要跟脚，不要太紧，也不要太松。上体育课严禁穿皮鞋和凉鞋。

其次，身上不能带有小刀、钥匙、铅笔、钢笔等锋利硬物，不要佩戴胸针等饰品，不要留长指甲。女生留长发的最好把头发梳起来。近视的同学尽量不要戴眼镜，特别是玻璃镜片容易伤害自己，若必须戴，做运动时要倍加小心谨慎。

再次，上课要听指挥、遵守纪律，认真听取老师的讲解，特别要注意各种活动的规范。严禁嬉戏打闹、任性蛮干、动作粗野，也严禁违反运动规则的行为。当然更不能不按老师的要求，而只按照自己的喜好去活动。未经老师批准，上课期间不能随意进行其他运动项目，更不能擅自离场。不得在不宜进行该项活动的地方进行该项活动，比如在篮球场踢足球等。

最后，特殊情况不宜运动时要向老师申请不参加体育训练。

万一在体育课上意外受伤该怎么办呢？首先要做出理性的判断，通过观察伤口，判断是否只是一般小损伤，比如只是擦破了一点儿皮，到学校医务室医治就行。如果是扭伤要先休息，也可以用冷水冲洗或冷毛巾敷上，以便消肿，切不可用热水泡或热毛巾敷，也不能揉搓。

严重伤害需要及时通知老师或学校医务室的医生，如果老师和医生不在，要尽可能通知校长或者拨打 120 急救电话。这里特别要注意的是骨折，如果疼痛、不能动、淤血或者已经畸形，就要按照骨折处理，尽一切可能保持原有姿势，等待医生到来。

危险玩具玩不得

案例

> 大坪小学二年级学生刘颖用扎头发的橡皮筋做了一副弹弓。一天课间休息时,刘颖邀上同班同学华小刚在操场上射弹弓,他俩用弹弓上的橡皮夹住小石子,对着不远处的一个矿泉水瓶不停地射击。刘颖在射击时,华小刚站在他的右前方对他进行指点,不料,射出的小石子竟击中华小刚右眼。华小刚受伤后,在医院住院治疗26天,花医疗费3408元。其伤情由医院诊断为:外伤性白内障(右)、眼球视网膜挫伤。经鉴定,华小刚构成七级伤残。由于华小刚父母就儿子的损害赔偿问题与刘颖父母及学校争议较大,便起诉至法院要求刘颖父母和学校承担赔偿责任。法院判决被告刘颖父母承担主要责任,被告学校承担次要责任,原告自负一定责任。

中小学生年龄小,还比较贪玩,好奇心强,对新鲜的事物容易产生浓厚的兴趣,而分析事物的能力和辨别事物的能力还很低,因此常常认识不到自己手里玩耍的玩具其实具有很大的伤害性。

1. 哪些玩具具有危险性

(1)弹射类玩具

弹射玩具就是通过外力作用进行弹射的玩具,它们能直接射击或做抛物线运动,比如子弹枪、飞镖、弹弓等。

最不提倡同学们玩耍的就是弹射类玩具,一些儿童的玩具枪甚至堪比仿真枪,射出的子弹打在身上很疼。如果不注意,会伤害到自己或他人的眼睛、身体,危险性很大。

(2)体积较小的玩具

有些玩具体积比较小,比如弹珠。玩具上面的小零件也不能忽视,比如螺丝钉,往往会引起学生们的兴趣。有些学生为了好玩或是在别的同学面前炫耀,会将这些细小的东西放入嘴里含着玩,结果不小心吞了下去,这是非常危险的。

体积较小的玩具或零件容易被咽下去卡在气管内,造成窒息。所以,同学们在玩体积较小的玩具时,要特别注意。

(3)金属制玩具

任何东西在孩子眼中都可能成为一件玩具,比如小刀、玻璃片等。这些材质的东西往往边角尖锐,不小心会划伤皮肤,造成外伤。同学们不要拿这些东西当玩具,也不要在别的同学面前乱挥舞,以免造成双方受伤。

(4)易燃易爆的玩具

有些男同学染上了吸烟的恶习,身上或抽屉里会装有打火机,没事的时候还会用打火机烧东西玩,这种行为是对全体同学安全不负责任的一种表现。有些大的事故就是由于小事酿成的,可有些同学还浑然不知。易燃易爆玩具除了打火机,还有鞭炮、化学药品等。

建议男同学不要把一些危险的易燃易爆的东西拿到教室里,同时要约束自己养成良好的行为习惯。

2. 看到同学玩危险玩具时该怎么办

(1)如果看到同学玩一些危险的玩具,要及时地制止,向他讲解这其中的危险性,并给他举例证明。

(2)如果同学比较固执,还我行我素,可以向老师和学校汇报,通过老师的劝解,达到说服的目的。

(3)让同学知道一下以往发生过的伤害案例,让其明白,这绝对不是危言耸听。

（4）和其他同学一起对这样的同学进行劝诫，或找他最好的朋友对他进行劝诫。

（5）如果同学偷玩的玩具杀伤力特别强，已经不能称之为玩具，那么，就有必要向老师或警察求助，通过他们的教育，没收这类危害性比较大的"玩具"。

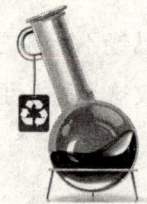

集体活动危险多

案例

1996年1月16日晚7点左右,湖北省孝感市某中学通过广播通知学生晚上集体看电影。电影院离学校不远,由于没有发电影票,下课铃一响,在二楼(初二年级四个班)和三楼(初一年级四个班)的学生蜂拥而出,争先恐后涌向一个楼梯口。初二年级四个班的300多人跑在前面。由于楼梯狭窄,楼梯口的照明灯损坏又尚未修复,昏暗中在二楼通向一楼的换步台阶处有学生跌倒,后面的学生不知道前面的情况,一直朝前挤,就这样形成"你压我,我压你"的局面,造成6人当场死亡、25人受伤(其中重伤2人)的重大伤亡事故。

此事故发生是多方面原因造成的,但更重要的是,同学们纪律性不强,缺乏自我保护意识,以致造成如此重大的伤亡事故。如果大家都有安全意识,自觉遵守学校的规则,做到防患于未然,那么,这些事故就能避免。

在校园中,经常会举行一些集体活动,丰富中小学生的课余生活。学校的集体活动通常会在礼堂、操场等能容纳众多人数的地方举行。但正是由于人群大量集中,很容易发生安全事故,给同学们带来不小的伤害。所以,中小学生在参加集会时,一定要考虑安全问题,预防意外事故的发生。

在学校集体活动中经常发生的伤害事故主要是由于烈日暴晒、火灾、舞台坍塌、相互拥挤、物品坠落等引发的中暑、烧伤、跌伤、挤伤、砸伤等,严重的甚至造成学生死亡。

因此，我们在参加学校集会时要特别注意。比如，在炎热的露天场所升旗、开会时，最好戴上遮阳帽，如果感到身体不适，要及时向老师说明。如果参与会场布置，需要攀高悬挂条幅、彩带、气球时，要做好防护措施，或安排同学保护。以下几点要引起同学们重视：

（1）在参加集会、集体活动时，由于参加人数多，必须按要求有秩序地入场和退场，不能拥挤。活动结束时，很多同学早已按捺不住，失去了警惕性和纪律性，乱跑乱碰，才引发了诸多悲剧。

（2）在自由活动前，必须牢记集合的时间和地点。

（3）如果在外参加集会、集体活动时和同学走散，迷路了，不要惊慌，应按照下面的方法做：

①及时向当地派出所报案请求帮助，同时，有电话的同学可以给老师或家长打个电话。

②迷路的同学，如果记住自己乘坐的车号、船号，可以自行乘车返回。到了学校以后，首先向老师和学校汇报自己到校情况。如果天色已晚，还没有回到学校，最好向政府部门和公安机关寻求帮助。

踩踏事故频现校园

案例

2013年2月27日7时许，湖北襄阳老河口市薛集镇秦集小学发生踩踏事故，造成4名学生死亡，多名学生受伤，受伤学生已被送往医院救治。

2009年12月7日晚上9点半左右，湖南湘乡市育才中学发生一起踩踏事故。下晚自习时，一名学生跌倒，骤然引发拥挤，踩踏事故就此发生，造成8名学生当场死亡，26名学生受伤。

2008年4月23日，重庆市涪陵区百胜镇中心小学，在教学楼的楼梯间内，数名学生因为拥挤倒在人群中，6名小学生在事故中受伤。

2007年8月28日，云南曲靖市马龙县一所小学发生踩踏事件，导致17名小学生不同程度受伤，2名学生伤势严重。

2006年11月18日，江西都昌县土塘中学因学生系鞋带，引发一起学生拥挤踩踏伤亡事件。造成6人死亡，39名学生受伤的惨剧。

2006年10月25日晚，四川省巴中市通江县广纳镇小学四年级至六年级寄宿制学生晚自习结束后，在下楼梯时发生拥挤踩踏事故，造成8名学生死亡，45名学生受伤。

2006年10月16日上午，新疆生产建设兵团农一师第二中学附属小学学生在下楼参加升国旗仪式时，发生拥挤踩踏事故，造成1名学生死亡，12名学生受伤。

> 2005年10月25日，四川省巴中市某小学发生踩踏事件，下自习的同学们走出教室时突然停电了，一名学生说"鬼来了"，使学生乱作一团，在楼梯间互相挤压、踩踏，导致8人死亡、27人受伤的惨剧。
>
> 2003年1月5日，陕西省宝鸡县一所初中学校发生踩踏事件，在放学下楼时，一名学生不慎踩空，撞到前面同学，后继学生发生拥挤踩踏，造成3名学生死亡，6名学生重伤，13名学生轻伤。

近几年来，校园踩踏事故接连不断地发生，而一旦发生，就会造成不少学生的伤亡，让人痛心。踩踏事故已经成为了校园安全的重点防御对象，引起了国家、社会、学校和家庭的高度重视。虽然多方面强调预防踩踏事故，但仍频频发生。触目惊心的画面，撕心裂肺的哭喊，应当给大家一个血的教训。

在生活中，校园踩踏事故时有发生，每一次碰触，都令人感到无比心痛。那么，我们应该怎样预防事故的发生呢？

（1）放学后或下晚自习后不要急于抢道下楼，牢记安全第一。

（2）上下楼时，尽量靠一边走，保持安静，不在楼梯上追逐打闹。举止要文明，人多的时候不故意推搡，不起哄，不制造紧张或恐慌气氛。注意脚下的台阶，如果要系鞋带，可以到楼梯拐角处，不要不管不顾。

（3）上下楼人数较多时，看好脚下的台阶，当行至狭窄地段、光线不足的地方时，不要着急，应排队缓行。

（4）如果楼梯内人群比较拥挤，可以等几分钟再走，不得已时，要尽量靠右边走，手扶楼梯把手缓慢上行或下行。

（5）尽量顺着人流走，切不可逆着人流上下楼梯，不然很容易被人流推倒。

另外，当发生踩踏时我们要采取以下措施：

（1）当出现人群拥挤、混乱不堪的情况时，一定要保持镇定，克服紧张心理，可以快速躲在楼道角落，暂时躲避，不要乱跑。记住学校老师平时教的疏散演习，并按照演练时的方法去做。

（2）服从老师的指挥，可以协助老师疏导人群，积极、冷静地维持秩序。

（3）当出现拥挤时，要快速伸出双手，随时准备应对紧急情况，而不要把双手还插在口袋里。

（4）发现拥挤的人群向自己行走的方向涌过来时，应立即闪到一旁，不要慌乱，不要乱跑，避免摔倒。

（5）不幸陷入拥挤的人群时，一定要努力使自己站稳，防止身体倾斜失去重心。想方设法紧紧抓住楼梯扶手，防止摔倒。即使鞋带松开，鞋子被踩掉，也千万不能弯腰去系鞋带或提鞋，一定要谨记，生命永远是第一位的。

（6）在拥挤的人群中动弹不得时，用一只手紧握另一只手的腕部，手肘撑开，端放于胸前，微微向前弓腰，形成一定空间，以保持呼吸通畅。

（7）一旦被人挤倒在地，努力使身体蜷缩成球状，侧身屈腿，双手紧扣抱住头部，保护好头、颈、胸和腹部，尽量靠近墙角。

无处不在的传染病

案例

"孩子得了水痘真是太难受了!"郑州市某医院里几位家长凑在一起纷纷埋怨着。

家长们表示,他们的孩子都在郑州一所寄宿学校的四年级某班就读,2008年11月3日那天,孩子们发现,在同一宿舍楼的一位同学的脸上长了两个大疙瘩。很多同学很好奇,用手摸了摸。后来,那位同学因为发烧被接回了家。过了几天,这位同学又回到学校住宿。之后不久,该宿舍楼里陆续有同学开始发烧、不舒服,被家长接回了家,然后身上开始大面积出现痘痘。家长们带着孩子到医院一检查,才得知孩子得的是传染病——水痘。

家长们说,连日来,孩子最高烧到了41度,头上、口腔里都长了好多水痘,痒还不能抓,只能硬忍着。家长生怕孩子睡着无意识中抓挠,晚上还得轮流看护。

冬春季节是水痘的高发季节,这种病是通过呼吸道和接触传染的,最长潜伏期是21天。一旦发现孩子得了水痘,就不要再往学校送了。待一周左右水痘结痂后,再返校。学校发现学生得水痘后,应让其尽快离校,开窗通风,学生们要勤洗手,不要再让同学触摸患者用过的衣服和被褥等东西。因产生抗体需要一个月时间，最好的办法是在流行季节到来前一到两个月就注射疫苗。

如果有发热、咳嗽等症状，应及时到医院检查治疗。当发生传染病时，应主动与健康人群隔离，尽量不要去公共场所，防止传染他人。

住校生发现本宿舍有疑似传染性疾病的，应当及时向值班教师、宿舍管理员报告，宿舍管理员要及时和班主任联系，班主任要对学生进行观察、询问，了解学生出勤和健康状况，并通知学生家长将学生带到医院进行治疗。一旦确诊为传染性疾病，要确保身体彻底治愈康复后，再回学校上课、住校。

另外，学生应学习了解传染病的基本知识和预防要点。在宿舍生活时，尤其是在传染病高发季节，注意个人和寝室卫生，积极预防传染病的发生。注意打喷嚏或咳嗽时应用手绢或纸巾掩住口鼻，不要随地吐痰，不要随意丢弃吐痰或揩鼻涕使用过的手纸；勤洗手，不用污浊的毛巾擦手，双手接触呼吸道分泌物后（如打喷嚏后）应立即洗手或擦净；在宿舍生活要避免与他人共用水杯、餐具、毛巾、牙刷等物品；注意环境卫生和室内通风，如周围有呼吸道传染病症状病人时，应增加通风换气的次数，开窗时要避免穿堂风，注意保暖；多喝水，多吃蔬菜水果，增加机体免疫能力，避免过度疲劳。

我在浴室晕倒了

案例

> 小何是江苏某中学的住宿生。2007年6月某天,天气比较炎热,小何下午3点多才吃饭,晚上没什么胃口吃饭,就直接去学校浴室洗澡了。
>
> 因为学校浴室比较小,热气闷得人喘不过气来。小何好不容易找到了一个位置,却刚洗不到半个小时就感觉晕晕的,然后就突然晕倒什么也不知道了。小何再清醒过来发现自己已经被周围同学和浴室阿姨扶出了浴室。同学告诉她:突然就看到她倒了下去,有学生立刻去叫了阿姨过来,大家一起把她搀扶到淋浴间外面的换衣间,并且进行按压人中等措施。小何这才发现自己的胳膊和腿有几处擦伤,估计是摔倒时与地面摩擦碰撞所致。

在学校浴室晕倒的事情时有发生,因此,当我们在学校遇到有人在澡堂、浴室晕倒时,不要惊慌,要根据情况采取不同的急救措施。

如只是出现心慌、头晕、四肢乏力等现象,不必惊慌,只要立即叫人帮助,离开浴室躺下(注意不要扶着病人走,因为这时病人处于低血压状态,站立后会使脑缺血进一步加剧),放松休息,并喝一杯热水,慢慢就会恢复正常。

如果发现有同学症状较重,已经失去知觉,应立即将其平抬出浴室,以脱离低氧环境。出浴室后应让病人保持平卧,最好不垫枕头,用身边可取到的书、衣服等把腿垫高,使腿与地面约成20度角,让心脏血液集中供给头部。待稍微好一点后,喂些热糖水或热茶,把窗户打开通风,用冷毛巾擦身体,从颜面擦到脚趾,然后穿上衣服,头向窗口,身体就会逐渐得到恢复。

如病情不见好转,则应考虑是否发生脑溢血、心肌梗死等其他异常,需立即拨打120,呼请急救医生到现场抢救。

预防在浴室洗澡时眩晕甚至晕倒,可从以下几点入手:

(1)不要在饥饿时洗澡。洗浴前后最好饮用些含有钠、钾离子的饮料或含糖淡盐水。

(2)洗澡时间不宜过长。盆浴20分钟、淋浴5~10分钟即可。洗澡时长时间浸泡,会加重疲劳感,并加重心脏负担。

(3)特殊人群不要单独洗澡。

(4)洗完之后立即离开浴室。

别让校园宠物伤了你

案例

小明是红星小学二年级的学生。一天下课后,小明和同学看到校园里的几只流浪猫。这些流浪猫已经在学校待了有一两个月了,学生们经常和它们一起玩。小明从兜里拿出一支铅笔开始逗小猫们。其中一只黑猫一直在吃东西不理他,小明便伸出手把食物拨到了一边,突然,黑猫"呼"的一声窜了起来,在小明胳膊上留下了一道血淋淋的爪印,附近的老师把小明送去了医院,并注射了狂犬疫苗。据统计,在北京,少年儿童被咬伤的事件主要是由宠物猫狗造成的。在这些事件中,60%的咬伤是由儿童挑衅引起的,33%的咬伤发生在儿童与宠物的玩耍时,5%的咬伤发生在儿童喂狗时。通过这些数据,大家对预防动物咬伤抓伤应当有足够的重视。

如今,很多学校中都饲养着一些宠物。小宠物的温顺和可爱能丰富很多人的业余生活,而且还能激发人们的爱心。但是,并不是所有宠物都能做到在任何时候保持温顺,在很多时候,如果被惹急了,也会有很大的攻击性。所以,这一点青少年尤其应注意。

如果被宠物咬伤了肯定不是小事,严重的话会引起一些重大疾病,所以,对校园内饲养宠物需要知道一些预防方法,否则就会发生意外。

1. 预防被宠物咬伤的措施

（1）要避免被狂犬咬伤，就要远离有攻击性的各种犬类。

（2）校园有宠物，相关老师一定要带宠物到防疫站注射狂犬病疫苗，如果是养狗的话一定要到有关部门进行登记、挂牌。

（3）饲养宠物的时候，必须充分了解它们的习性、特点，而且要采取一定的措施，这样防止对青少年造成伤害。

（4）如果宠物狗出现性情反常、神经过敏、口中流出大量唾液、坐立不安、叫声低哑等症状，一定要加以警惕，迅速带宠物到医院进行救治，因为此种症状表明宠物有可能得了狂犬病。

如果被宠物咬伤，除非出现大量流血的情况，一定要立即就地彻底冲洗伤口，而不要急着去医院救治。

2. 错误的处理方法

（1）被猫、狗咬伤后，伤口不作任何处理。

（2）有的不仅不冲洗伤口，反而涂上红药水包上纱布，这是非常错误的。

（3）如果就医的话，没必要长途跋涉到一些大医院去，只要能进行合理的就医就可以。

3. 家庭自行救助方法

（1）冲洗伤口要快。一定要在最短的时间内清洗伤口上的狂犬病毒。

（2）清洗要彻底。通常来说，被宠物咬伤后要用肥皂水清洗，因为肥皂带有碱性，杀菌作用特别好。冲洗方式是用肥皂水冲洗，或将肥皂直接涂在伤口上，然后对着水冲洗，冲洗的水量要大，水流也要急。

如果想要确保安全，一定要尽量将伤口扩大，使其充分暴露在外面，并用力挤压作品周围软组织，将脏血挤净。由于人对狂犬病没有自然的免疫力，在被咬伤之后，病毒会沿外周神经迅速侵入中枢神经系统，一旦侵入胞体就会大量繁殖，进而侵犯整个中枢神经系统,在这种情况下,即使是注射疫苗也不会起到很大的作用。所以,在冲洗伤口的时候,一定要同时将污血挤出,而且尽量挤到最大限度,将危险程度降到最低。

(3)伤口不可包扎。除了伤口特别大、需要止血的情况才包扎,其他的都不需要上药,也不需要包扎。因为狂犬病毒是厌氧的,如果没有氧气,狂犬病毒就会大量生长,伤口会更加严重。

(4)及时去医院。伤口反复冲洗后,再送医院作进一步的救治处理,而且要在最短的时间内注射预防狂犬病疫苗。

4. 注射狂犬疫苗要注意的事项

(1)早注射比迟注射好,迟注射比不注射好

被动物咬伤后应尽早注射狂犬疫苗,越早越好。首次注射疫苗的最佳时间是被咬伤后的48小时内。具体注射时间是:分别于第0、3、7、14、30天各肌肉注射一支疫苗,"0"是指注射第一支的当天。一定要及时、尽早地注射狂犬疫苗。

(2)青少年注射疫苗后要注意保健

在注射疫苗期间,注意不要吃有刺激性的食物。另外,也不要进行剧烈性的运动,以免感冒。

认识食物中毒

案例

2006年10月,安徽省太湖县新仓中学(农村寄宿制学校)发生一起因生活饮用水污染引起的细菌性痢疾突发疫情。

据查,2006年10月12日至15日,太湖县新仓中学共发生75例腹泻病患者,无死亡病例,全校学生罹患率为9.15%。患者主要表现为头痛头昏、腹泻,大部分伴有中、高热,部分有腹部绞痛,少数出现脓血便。经抽检,学校向学生供应的饮用水细菌总数和大肠菌群严重超标,并在患者粪便中检出宋氏痢疾杆菌。根据省、市、县疾控中心联合调查认定,这是一起水源引起的细菌性痢疾突发疫情,原因是太湖县新仓中学通过自建集中式供水设施向学生供应了不符合国家卫生标准和卫生规范的生活饮用水所致。

通过上述众多案例,我们发现校内食物中毒现象严重威胁着中小学生的生命安全,那么到底什么是食物中毒呢?食物中毒是指人摄入了含有生物性、化学性有毒有害物质后,或把有毒有害物质当做食物摄入后,所出现的非传染性的急性或亚急性疾病,属于食源性疾病的范畴。食物中毒既不包括因暴饮暴食而引起的急性胃肠炎、食源性肠道传染病(如伤寒)和寄生虫病(如囊虫病),也不包括因一次大量或者长期少量摄入某些有毒有害物质而引起的以慢性毒性为主要特征(如致畸、致癌、致突变)的疾病。含生物性、化学性有害物质引起的食物中毒的食物包括以下几类:致病菌或其毒素污染的食物;已达急性中毒剂量的有毒化学物质污染的食物；外形与食物相似而本身含有毒素的物质，如毒蕈等；本身含有毒物质，而加工、烹调方法不当未能将其除去的食物，如河豚鱼、木薯等；由于贮存条件不当，在贮存过程中产生有毒物质的食物，如发芽土豆等。

食物中毒发生的原因各不相同，但发病具有如下共同特点：

（1）发病潜伏期短，来势急剧，呈暴发性，短时间内可能有多人发病，发病曲线呈突然上升趋势。

（2）发病与食物有关，患者有食用同一污染食物史；流行波及范围与污染食物供应范围一致；停止污染食物供应后，流行即告终止。

（3）中毒患者临床表现基本相似，以恶心、呕吐、腹痛、腹泻等胃肠道症状为主。

（4）人与人之间无直接传染。

目前，常见的食物中毒多为细菌性食物中毒。生活中常见的有以下几种：

（1）由沙门氏菌引起的食物中毒

这种细菌主要污染肉类、鱼类、禽类和蛋类，在70℃条件下，5分钟内可全部被杀死。因此，预防方法主要是加热。在炖煮肉、禽类食品时，要尽量将块切得小些，食物要充分煮熟、煮透。

（2）由葡萄球菌引起的食物中毒

此类细菌主要污染乳类、蛋类制品，在剩饭、剩菜中也大量存在。这种细菌为人体本身所具有，可在高温加热条件下被杀灭。因此吃剩的饭菜即使在低温条件下贮存也不宜超过4小时，剩饭菜必须重新加热后再食用。在食用冰淇淋、牛奶等制品时要注意食品的新鲜、卫生。

（3）由肉毒梭菌引起的食物中毒

这种细菌主要污染腌菜、酱菜、豆酱、豆豉、罐头等发酵食品。其可在密封、没有氧气的条件下生长，但在盐量达14%时可被有效控制。所以在腌渍食品中维持一定的盐量可有效杀死细菌。

（4）由志贺氏菌引起的食物中毒

此类细菌主要存在于蔬菜中。特别是凉拌菜，由于不能进行加热杀菌而大量存在。所以做菜时一定要注意个人卫生，做菜前一定要洗手；炒菜要烧熟；做凉拌菜时，生菜要洗净，有条件的话生菜要尽量焯一下。同时注意不要喝生水，不吃腐烂、变质的蔬菜。

（5）由副溶血性弧菌引起的食物中毒

这种细菌主要污染海产品、鱼虾、贝类等，在加工、制作海产品的饭店、食堂的案板上污染率很高。这种细菌有一个特点：在醋中5分钟可全部被杀死。因此，在制作、加工海产品时要特别注意生、熟分开，食物要加热熟透。必要时在海产品中适量加醋有助于杀灭细菌。

此外，我们大家所熟识的一般常识，如一些食物的不当搭配，扁豆、四季豆等未烧熟，土豆发芽等均可引起食物中毒。同时，一些蔬菜中的硝酸盐含量较高，这些蔬菜由于受到细菌的污染而生成亚硝酸盐也可造成中毒，所以腌制蔬菜时最少要腌制20天以上才可食用。同时，蔬菜腐烂变质也可使亚硝酸盐含量增加而引起食物中毒，所以蔬菜不宜放置时间过长。

# 食物中毒的预防和救护措施

案例

2009年10月某日中午，离放学还有20多分钟，太阳小学的校门口，一堆推车卖食品的小商贩就开始忙碌起来。有家卖现炸薯条的摊主正在把一桶黑乎乎的油倒进锅里，把事先已经炸好的薯条又倒进锅里，做成"现炸薯条"摆上小推车。这些小商贩多是学校周边流动的无证经营的摊主，从业人员没有经营许可证、卫生许可证以及从业人员健康证等，缺乏基本的卫生安全意识和操作习惯。不少摊点甚至还销售非法添加色素、添加剂的食品和质量不合格的食品以及变质食品。这些食物含有大量的细菌，学生正处于发育期，吃多了这种不洁食品容易拉肚子，破坏肠胃功能，影响正常的生长发育。而用潲水油作原料的油炸食品，含有致癌物质，长期食用，不仅会导致营养不良，甚至会引起孩子的发育障碍。

2008年9月14日，某学校发生一起食物中毒事件，经查明，这是一起食用凉拌皮蛋而导致的细菌性食物中毒，共有25名学生发病，中毒学生均食用过学校食堂加工销售的凉拌皮蛋，中毒学生经医院及时救治，治疗痊愈，无人死亡。

目前，社会上出现的"苏丹红鸭蛋"、"瘦肉精"、"三聚氰胺"等毒害食品让

消费者闻之色变。我国学校食品安全事件时有发生,仅2011年1月至7月,发生在集中供餐单位的群体性食物中毒事故就达到68起,中毒1646人,死亡18人,其中学校食堂是事故报告比较多的场所,掌握食物中毒的预防与自救的常识非常必要。

 **1. 食物中毒的预防**

学生预防食物中毒应注意以下七点:
(1)学生应尽量在学校的食堂用餐。
(2)如果在校外的摊位或小店用餐,注意察看其卫生条件,尽量不要在露天的摊位上用餐。
(3)认真对待"有效期"和"保质期"。在超市或便利店购买食物,对于过期的、胀袋的、包装变形的、盒装和罐装食品的盖子鼓起的食品不要购买食用。
(4)购买熟食一要看颜色,二要嗅味道,变质的熟食一律不吃。
(5)不吃隔夜菜,不喝隔夜汤,更不要吃腐烂变质的蔬菜,防止亚硝酸盐中毒。
(6)注意个人用餐卫生,餐前便后洗手,经常修剪指甲。
(7)如果对水果和蔬菜等生鲜食品有怀疑,最好的办法是煮食、烹调、削皮或扔掉。

 2. 食物中毒的救护措施

(1)补充液体及电解质
食物中毒患者如有剧烈的呕吐和腹泻等现象,要适当补充水分,或者注射生理盐水、葡萄糖。
(2)刺激呕吐法
发觉出现中毒症状,可以先用催吐的方法,将尚未完全消化吸收的有毒食物排出体外。
①如果意识清醒,可以自行用手指、筷子等刺激咽喉部位,反复刺激,直至

将胃里剩余的食物全部吐出来。

②用20克食盐兑200毫升开水一次性饮完，引发呕吐反应。如果效果不明显，可以重复饮用盐水，直至将胃里的剩余食物全部吐出。

③将100克新鲜生姜捣碎，口服鲜姜汁，然后用200毫升的温水冲下去催吐。

④如果严重食物中毒，必须立即送往医院进行洗胃，以防毒素被迅速吸收。

（3）刺激排泄法

①可以服用果导片等泻药。

②服用可以导泻的中草药，如服用生大黄、熟大黄或番泻叶。

（4）解毒

①误食腐败变质的海鲜类食物，如变质的鱼、虾、螃蟹等引起的食物中毒，可以用200毫升的开水兑100毫升的食醋口服。

②食用了腐败变质的肉类，可以给中毒者服用藿香正气丸。

③误食毒草类的中毒者，可以服用甘草紫苏汤或甘草绿豆汤。

（5）饮食要清淡，避免一些刺激胃的食物

①在食物中毒患者尚未停止上吐下泻前，需要靠生理盐水和葡萄糖注射液来维持必需的能量。

②在患者呕吐症状结束后，切忌食用油腻食物。在病情好转之后，再逐渐转为正常的饮食。

校园劳动安全

案例

某天，轮到四年级的小文当值日生，作为男生，他的任务是擦玻璃。由于教室的外侧玻璃比较难擦，小文就爬上窗台，一只脚站在窗户外侧，将半个身子探出窗外。为了擦掉上面的黑色污渍，小文踮起脚却没有站稳，从二楼跌落，幸好掉在了下面花坛的草丛里，却导致小腿骨折，脸部擦伤，如果下面是水泥地，则后果不堪设想。

中小学生在校都有机会参加学校组织的校园劳动，例如每周的班级大扫除，或学校组织的锄草、植树等劳动，这些劳动是每个同学都应该做的，但劳动中的安全不可忽视。

由于安全事故的频繁发生，中小学生的安全问题受到人们的关注和重视，中小学生在完成好自己应该做的事情以外，应尽最大努力保护自己的安全。那么，同学们在参加学校劳动时，应注意哪些安全隐患呢？先给大家看一个小案例。

北京某郊区一个小学组织学生参加校园的除草劳动。有的同学用锄头，有的同学用镰刀，有的同学用铁锹。正在大家干得正热火朝天的时候，突然听到一名男同学"啊"的一声大叫，大家望眼过去，看到这名同学小腿上被划了一道伤口，鲜血染红了裤角。事情的经过是这样的：一位同学正在用力去铲除一丛根扎得很坚固的草，由于用力过猛，铁锹伸了出去，正好碰到这位男同学的小腿。虽然这位同学被及时送到了医务室，伤势也并不是很严重，但毕竟给这位男同学造成了伤害。

像这种劳动中的意外事故，只要同学们掌握一些劳动安全常识，是可以避免的。

1. 打扫校园和教室时要注意什么

（1）打扫学校大门口时，小心过往的车辆，注意及时躲避，不要只顾低头打扫。

（2）打扫楼前楼后的学生要小心楼上的同学往下扔东西，以防砸伤。

（3）打扫专用教室的同学，不乱动不认识的东西，以免给自己带来损伤，比如化学实验室的一些化学品都有腐蚀性，接触后会对身体造成伤害。

2. 打扫班级和楼道时要注意什么

（1）擦门的学生先擦一扇，在劳动时把门插上，防止在门后劳动时，有人突然推门进来给自己造成伤害。

（2）擦玻璃时，够不到的地方可以用专门擦玻璃的器具，千万不要登高去擦，防止从窗台上摔下来。

（3）擦灯管、电扇、挂画时，最好站到桌子上而不是凳子上，以防摔伤。同时，还要小心触电，擦灯管时要把开关关上。

（4）打扫台阶的同学要注意脚下的台阶，防止踩空，导致摔伤。

（5）打扫垃圾道的同学要特别注意垃圾道里的一些碎玻璃、图钉、曲别针等，防止扎伤自己。出去倒垃圾的同学要注意躲避车辆。

3. 打扫过程中要注意什么

（1）打扫中切勿嬉戏打闹，以免碰到其他同学，也不要主动引逗擦灯管和擦玻璃的同学，使对方或自己受伤。

（2）有的同学在扫地时，力度太大，会把笤帚打到别人脸上，造成伤害；清理垃圾道的同学使用铁锹时，注意旁边的同学；自己在楼上打扫时，不要从窗口扔东西，还要注意窗台的花盆。

（3）在打扫校园和整理花圃时，需要用到锄头，劳动当中在抡起锄头时要注意前后左右的同学，确认不会对他人造成伤害时再抡下锄头，劳动时不要着急。另外，如果是别的同学在用锄头，自己要离得远一点，不能靠得太近。

（4）劳动休息时和结束时，不要用劳动工具相互打闹、开玩笑，以免酿成大错。

（5）没有打扫任务的同学，应主动远离打扫区域，行走时要自觉避让打扫卫生的同学，防止出现不必要的伤害。这也是对他人的一种尊重。

识别校园盗窃

案例

2012年2月,某学校女生宿舍发生失窃,其中有三名学生被偷走手机、现金等物品。

一名叫芳芳的女孩说,那天下午,他们班参加了一个学校组织的集体活动,到傍晚才回到宿舍,一进门发现房间里被翻得乱七八糟的,顿时就吓坏了。事后经校方和警察调查,将偷盗该物品的年仅11岁的男孩抓获。

另一个案例发生在我国中部某城市,9月初新生入学当天,由于学生们觉得夏天太热而将门开着,谁知就在当晚便发生了失窃案,两名学生丢失了放在床头的一个月的生活费,共计500多元。

近年来,校园内频繁发生盗窃事件,那么,校园盗窃有哪些类型呢?根据实施盗窃行为的主体进行分类,可以将校园盗窃分为内盗、外盗、内外勾结三种类型。

内盗:实施盗窃行为的主要是本寝室、本班或周围的其他人员。由于每天都在同一个空间生活和学习,彼此之间朝夕相处,他们对物主的钱、财、物存放地点及生活规律十分了解。

外盗:盗窃者往往会扮成老师或者学生的模样,在宿管人员不注意的时候混入人流之中,并找各种理由进入学生宿舍。有的是被学校处理的离校人员,利用自己对学生的生活规律和学校的内部环境比较了解等条件进行盗窃。

内外勾结:本宿舍或本寝室人员与社会上的不法分子串通好实施盗窃。他们比较了解物主，可以向不法分子提供作案条件。

通常情况下，校园盗窃案件主要有以下几个共同点：在盗窃之前有预谋准备的窥测过程，盗窃现场往往会留下痕迹，如物证、脚印、指纹等；盗窃方法和手段经常带有习惯性；有被盗窃的赃物、赃款可查。作案主体和客观场所的特殊性决定了学校盗窃案件有以下几个特点：

1. 目标的准确性

计算机室、财会室在什么地方，作案人都了解得十分清楚。哪位学生有贵重物品，经常放在什么地方，有没有锁在柜子里或者箱子里，钥匙放在什么地方，作案人大致都清楚。不动手则已，只要一动手，就目标准确，经常能够顺利得手。

2. 时间的选择性

作案人员会在无人的情况下行窃，主要发生在下面的几个时间段：

（1）新生入学期间。这是盗窃的一个易发期。大量事实表明，许多盗窃案件都发生在新生入学期间。由于新生刚刚进入学校，人生地不熟，从家里带来的贵重物品和现金没有及时妥善管理好而被不法分子盯上，从而造成财物丢失。

（2）开学期间。这是盗窃的一个高发时段。绝大部分的学生在回到学校以后忙于学习，而且从家中带来的财物多，经常由于保管不善而出现财物被窃。

（3）上午一、二节课期间。这个时间段很容易出现财物被盗的情况。另外，白天的时候宿舍没有人，特别是上午一、二节课期间，因为主要课程往往安排在这个时间段，大部分学生都要去上课，这样一来就为作案人员制造了机会。一般发生在这个时间段的盗窃主要是内盗。

（4）晚上学生睡觉期间。有的学生由于安全防范意识不强，晚上睡觉的时候，尤其是天气热的时候，宿舍门虚掩或者不关门，很容易出现盗窃现象。

（5）临近放假期间。学生这个时候都忙于考试和准备回家，警惕性不是很高，这便为作案人员提供了机会。

（6）毕业离校期间。由于学生很快就要离开学校，进入初中或者高中，精力通常都会放在一些繁杂的事务上，放松了警惕。作案人员恰恰是钻了这个空子。

3. 作案的连续性

盗窃分子往往很"聪明"，第一次得手以后，通常会产生侥幸心理，再加上报案的滞后性以及破案的延迟性，导致盗窃分子会再次作案，从而形成一定的连续性。

4. 技术的智能性

一些盗窃分子比较聪明，盗窃的技能也较高。他们有的时候会用你的钥匙开你的锁，有的时候会将易拉罐皮制成"万能"钥匙，从而实施智能型违法犯罪行为。

巧与盗贼做"斗争"

在现代社会，校园盗窃案件高发，作为中小学生一定要提高安全防范意识。不容否认的是，校园盗窃案件给我们带来了很大的损失，那么在日常生活中，我们遇到盗贼该怎么办呢？我们一起来了解一下与盗贼进行"斗争"的技巧。

1. 发现可疑人员的应对

如果你在宿舍里发现可疑人员，但一时又无法确定其是否为窃贼，这时我们该怎样才能正确应对、保护自己、减少损失呢？遇到这种情况，不妨从以下方面着手：

（1）发现可疑之人应主动上前询问，此时必须注意的是态度应和气，但问话应细致些。如果来人确有正当理由，一般都能够说得清楚。如来探亲访友的，应该可以将要找之人的情况说清楚，必要的情况下，还可帮其找人。

（2）假若来人回答疑点较多，如所说的专业、班级不对号，要找的人根本就是子虚乌有，来人表现得惊慌失措等，则可进一步盘问，必要时还要询问其姓名、单位，然后要求核实其有无身份证、工作证、学生证等证明。为了减少不必要的麻烦，也可叫学生干部、值班人员按宿舍制度出面询问。

（3）如来者经盘问疑点很多，又不愿意透露自己的真实身份，或身边携有可能是赃物、作案工具等物品，应由宿舍值班人员及学生治保人员一边按宿舍管理规定与其谈话将其拖住，一边打电话给学校保卫部门，请求尽快来人审查弄清情况。

（4）在处理这类问题时做到以下几点是尤为重要的：一是态度始终要和气，

即使可疑之人激动争吵，也应请值班人员按宿舍管理规定与之说理，千万不可鲁莽行事。二是不能随意进行搜查，之所以这样说是因为这样做是法律所不允许的。三是如果确定可疑之人是盗窃分子，还要防止其突然行凶或逃跑。

2. 怎样对付盗贼

（1）警惕性很重要。对寝室窃贼一定要十分警惕，不要轻易被骗。有的盗贼见宿舍门没锁就推，认为有机可乘，若屋内有人或被盘问则以找人等借口为由企图蒙混过关。一旦我们缺乏警惕，被盗贼骗过而不能识破，那么怎样对付也就无从谈起了。

（2）学会借助集体力量。宿舍里绝大多数情况下都会有一部分同学，不管是否认识，只要听说宿舍里进来小偷，大多是会挺身而出的。在这种情况下，我们要根据不同情况，及时有效地告知同学们。

（3）以正压邪。盗窃分子在行窃之时往往作贼心虚，在学生宿舍这种特定环境中，他们一般是不敢轻举妄动的。如撞见盗贼正在作案，应尽快拿起手边可用以自卫的工具，如棍子、玻璃瓶、凳子、砖头等，堵住盗贼逃跑出路，义正词严地大声喝斥对其形成威慑，同时大叫"捉贼"招呼同学。如盗贼在情急之下妄图行凶，这时，必要的正当防卫是可以的，一般只要对峙一两分钟，同学们就会纷纷赶到。

（4）要随机应变、安全第一。在同学们还没有赶到之前，一定要记住和盗贼保持一定距离，谨防其行凶伤人，以能控制盗贼防其逃窜为目的。如果盗贼夺路逃跑，应紧紧盯住，同时呼叫抓贼，校园里师生众多，只要不让盗贼脱离视线，总是可以将其抓获的。

（5）头脑冷静，急而不乱。有时盗贼虽能冲出寝室，但是逃出宿舍还是有一定困难的，这是因为学生宿舍大多只有一个出口，窗上又有护栏。同学们出来得快，来不及逃走的盗贼往往会溜进厕所、阳台、空房等处躲藏，这时首先应把住宿舍出口，有组织地进行清查。

（6）如果是两个以上的盗窃分子结伙作案，除仍可采取上述方法对付外，在他们分头逃跑时要集中力量抓住其中一个。尤为值得注意的是，团伙作案被发现后行凶伤人的可能性往往更大，这时一定要随机应变，把自己的安全放在首位。

宿舍被盗要冷静

案例

2009年12月，某派出所接到学生报案，称其放在书包里的现金、存折和其他物品在教室内丢失。派出所迅速派人赶往银行守候，将准备取钱的犯罪嫌疑人廖某抓获。廖某交代了盗窃该同学现金、存折和其他物品的事实，又被查出在浴池、教室、图书馆、食堂等多处偷窃他人的钱物、书包、手机、随身听、钢笔、书籍等物品，作案达数十起。

2001年11月至2002年6月初，某学校食堂在中午学生就餐期间陆续发生丢失书包的案件50余起。派出所经过调查和守候，于2002年6月某日将正在食堂实施盗窃的学生田某当场抓获。经审问，他交代2001年11月的一天，在食堂看见有人用书包占座，发现书包内有200元现金，便见财起意，将书包顺手偷走。过了一段时间未见东窗事发，尝到了甜头的他便以同样手段在食堂屡屡作案，共作案50余起，盗得现金数千元，手机五部，文曲星、随身听多部。

生活中，许多同学发现自己的宿舍被盗以后，首先做的是打开自己的抽屉、箱子和柜子，看一看自己丢了什么。还有一些学生出于好奇和关心前来围观和安慰。最后，当公安人员赶到的时候，发现盗窃现场的原始状态早就不见了，与犯罪活动相关的物品、痕迹都遭到了破坏。这样导致公安人员很难对犯罪活动作出准确的判断，从而使破案工作受到阻碍。那么，同学们发现自己的宿舍被盗以后应该如何做呢？

第一，同学们发现宿舍门被撬，箱子、抽屉被翻动或者被撬，这极有可能是被盗了。这时同学们应该马上报告给学校的保卫部门，并告知学校领导。

第二，要保护好现场。真实反映盗窃分子客观情况和进行盗窃活动的基础就是盗窃现场，只有保护好了盗窃现场，侦察人员才能发现并收集犯罪分子留下来的盗窃工具、手印、脚印等物品、痕迹，而这些是揭露并证实盗窃的强有力的证据。若案件发生的地点是在宿舍内，同学们应该将室内现场封闭起来，可以在宿舍门前设岗看守，不让同学围观，更不能让其进屋翻动宿舍里的任何物品。对于盗贼可能留下痕迹的锁头、门柄、门框、窗户等不要触摸，否则与案件无关的人员的指纹也会留在上面，从而给现场的勘查和盗窃分子的认定带来不必要的麻烦。

第三，若同学们发现自己的存折被偷了，应该尽快到银行办理挂失。

第四，对于前来调查和取证的公安人员提出的各种问题，同学们要如实回答，不要凭着自己的推测或想象。另外，回忆的时候要认真，力求准确、全面。

最后，同学们要积极向负责侦察破案的公安人员介绍情况，提供线索，从而帮助警方尽快破案。同学们在反映情况的时候要尽可能提供各种线索、疑点，不要自以为某件事情无关紧要就予以忽略；不要因为与自己的某位同学有关，害怕伤害同学间的感情就隐瞒事实。

校园内也有交通事故

案例

> 一日中午，某食品批发公司的王某到某校园内的小卖部送货，把一辆中型面包车停在了教学楼通往大门口的拐角处，这里是学生上下学的交通要道。随后，王某和司机准备乘车离开。当时还没有下课，司机着急往回走，见路上没人，该车在校园内倒车时速度很快，这时李某和陈某提前逃课出来，骑上自行车飞快地向校门口冲去。突然"砰"的一声，在拐角处面包车将两辆自行车撞倒，车的左前轮从李某身上碾过，经抢救无效死亡，陈某身上多处骨折。

近年来，在校园内发生交通事故的事件时有发生，对中小学生的生命安全造成了巨大的威胁。那么，中小学生该如何预防校内交通事故呢？

1. 导致校园交通意外的原因

（1）校园内的机动车和非机动车数量增多，具体原因为：
①随着经济的快速发展和生活水平的提高，越来越多的教师开车上下班；
②随着社会化办学趋势的发展，学校的开放程度越来越大，进出学校的人员和车辆增多；
③有的校园面积较大，有的学校还划分了不同的校区，为了方便学习和生活，

绝大多数学生都有自行车。

（2）校园道路交通的特殊性

校园内的道路比较狭窄，没有专门的人员来管理和指挥交通，有些机动车又没有做到在校园中减速慢行，因而增加了交通事故的发生几率。

（3）学生的交通安全意识薄弱

很多学生想当然地以为，学校里是绝对安全的。在上课和下课的时间，道路上的学生比较集中，而且大家走路的时候非常随意，很多学生边走边看书，边走边看手机发短信，或者边走边和其他同学说话打闹，注意力很不集中。

2. 校园内交通安全事故的主要表现形式

（1）弯道上不注意躲避车辆

学校里，机动车道和人行道是没有区分的，有些机动车在拐弯的时候车速较快，面对突然走过来的学生，来不及刹车，就很容易造成事故。

（2）行走时在路上玩耍

有的同学在放学的路上，一边走路，一边和同学说笑打闹，甚至还会边踢足球边走路；还有的同学占用比较宽敞的道路来打羽毛球，这样很容易妨碍车辆的通行，如果司机刹车不及时，就容易导致交通事故的发生。

（3）骑车带来的事故

课间或下课时骑自行车在人海中穿行是一道风景线。但骑车带人，或者骑行速度过快，以及人行道与慢车道混用，往往存在安全隐患。

3. 预防校内交通事故

（1）机动车进校园，必须减速慢行，尤其是在拐弯处、事故多发地段。

（2）在校园内骑自行车也要慢行，在拐弯处，最好下车推行，防止和相反方向驶来的车辆相撞，也防止误撞行人。

（3）在校园内步行时，要集中注意力，不要扎堆或者拉拉扯扯，不要在路上一字排开走。在拐弯的地方，要加倍小心。

（4）在校园内骑车时不要接打电话。

（5）雨天骑车，最好穿雨衣，不要一手扶把，一手撑伞。

（6）雪天骑车，要与前方的车辆、行人保持较大的距离，防止刹车失灵造成事故。

在学校如何防雷

案例

某天下午，一阵大风吹过，雷雨交加。广东某初中教学楼门前，三四名男生正赶去上课，突然枝状的蓝色雷电瞬间罩住了整个天空，令人目眩的强光刺得人睁不开眼。这时一段七八米长、最粗部分直径有半米的树枝在一声巨雷响过之后，断成三四截，轰然倒在整个路面上，水泥地面被砸了个小坑。这几名男生一声惊呼，四散躲避。其中一名高三学生小吴躲避不及，被树枝砸中，昏倒在地。同学们见状，连忙把受伤的小吴抬进教学楼，在老师和校医的帮助下，将其送到了附近的医院。经过抢救，小吴脱离了生命危险。事后，很多学生心有余悸，雨停后仍绕道而行。

通过上述案例，我们发现中小学生很容易遭遇雷击，那么，在日常生活中，中小学生应该如何预防被雷击呢？

 **1. 教室内防雷**

在雷电来临时，我们通常认为教室内比教室外安全。实际在室内除了会遭受直击雷侵袭外，雷击电磁脉冲也会通过引入室内的电源线、信号线和无线天线通道进入室内。所以，在室内如果不注意采取措施，也可能遭受雷电的袭击。下面就来介绍几种室内防止雷电灾害的措施。

（1）发生雷雨时，一定要及时关闭好门窗，防止直接雷击和球形雷的入侵。同时还要尽量远离门窗、阳台和外墙壁，否则一旦雷击房屋，你可能会受接触电压和旁侧闪击的伤害，成为雷电电流的泄放通道。

（2）在室内不要靠近，更不要触摸任何金属管线，包括水管、暖气管等。特别要提醒在雷雨天气不要洗澡，尤其是不要使用太阳能热水器洗澡。

室内随意拉一些铁丝等金属线，也是非常危险的。在一些雷击灾害调查中，许多人员伤亡事件都是由于在上述情况下，受到接触电压和旁侧闪击造成的。

（3）在教室里不要使用任何电器，包括电视、电脑、投影仪等。这些电器除了都有电源线外，电视机还会有由天线引入的馈线，电脑还会有信号线。雷击电磁脉冲产生的过电压，会通过电源线、天线的馈线和信号线将设备烧毁，有的还会酿成火灾，人若接触或靠近设备也会被击伤、烧伤。最好的办法是不要使用这些电器，拔掉所有的电源线和信号线。

（4）要保持室内地面的干燥，以及各种电器和金属管线的良好接地。如果室内的地板或电气线路潮湿，就有可能会发生雷电电流的漏电伤及师生。室内的金属管线接地不好，接地电阻很大，雷电电流不能很通畅地泄放到大地，就会击穿空气的间隙，向人体放电，造成人员伤亡。

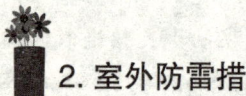

2. 室外防雷措施

在雷电发生时，我们应尽量不要到教室外活动，大多数雷击死亡的事故都发生在户外。所以在遇到乌云密布，狂风暴雨即将来临时，大家要尽快躲到教室内。如果躲避不及，在教室外遇到雷雨天气时，提醒大家可以采取以下几种防护措施：

（1）云与大地之间发生的雷电具有选择性。一般情况下，高大的物体以及物体的尖端容易遭遇雷击。所以在室外时，不要靠近铁塔、烟囱、电线杆等高大物体，更不要躲在大树下或者到孤立的棚子和小屋里避雨。这样可以减少或避免受到接触电压和旁侧闪击以及跨步电压的伤害。

（2）有些建筑物或构筑物为了防止直击雷的袭击，都安装了避雷针或避雷带等接闪器。当雷电发生时，往往这些防雷装置起到的是引雷的效果，雷电电流由接闪器通过引下线导入地下，它可以保护周围不遭直击雷的袭击。因此，如果万一在室外无处躲藏,你可以躲在与避雷装置顶成45度夹角的圆锥范围内,这是一个避雷针安全保护的区域,但不要靠近这些建筑物或构筑物。

(3)在郊外旷野里,如果你与周围物体相比,是最高点,也就是你将处于尖端的位置,最容易遭到雷击。所以,当野外发生雷电交加现象时,不要站在高处,也不要在开阔地带骑车和骑马奔跑,更不要撑雨伞,拿铁锹、锄头或任何金属杆物品,以免遭到直接雷击的袭击。要找一块地势低的地方,站在干燥的、最好是有绝缘功能的物体上,蹲下且两脚并拢,使两腿之间不会产生电位差。

(4)为了防止接触电压的影响,在室外千万不要接触任何金属的东西,像电线、钢管、铁轨等导电的物体。身上最好也不要带金属物件,因为这也会感应到雷电,灼伤人的皮肤。

(5)当你在野外高山活动时,遇到雷雨天气是非常危险的。在大岩石、悬崖下和山洞口躲避,会遭到雷电流产生的电火花的袭击。最好是躲在山洞的里面,并且尽量躲到山洞深处,两脚并拢,身体远离洞壁,并把身上带金属的物件,如手表等物品摘下来,放在一边,金属工具也要离开身体。

(6)在雷雨天气时,千万不要到江河湖溏等有水的地方活动。因为水体的导电性能好,人在水中和水边被雷电击死、击伤事故发生的概率特别高。所以在雷电发生时,要尽快上岸躲避,并且要远离水面。

(7)雷电交加时,如果你正在行驶的汽车内,要将车的门窗关闭,躲在里面,以确保人身安全,因为金属的汽车外壳是一个非常好的屏蔽。若一旦有雷击,金属的外壳就会很容易地把雷电电流导入大地。

(8)不宜使用移动电话等户外通讯工具。

另外,在雷雨中也不要几个人挨在一起或牵着手跑,相互之间要保持一定的距离,这也是避免在遭受直接雷击后,传导给他人的重要措施。

教室遇到地震我不怕

案例

在2008年5月12日的下午,四川省成都市区的玉石实验小学里,学生们都像往常一样上着课,而地震就这样突然地来临了,此时的学生们都急急忙忙地跑向操场。有个叫陈浩的学生跑在了最前边,但他跑着跑着就看见他前边不远处有面墙要倒了,而这时又有一个女同学正在往那面墙的方向跑去。陈浩眼疾脚快,迅速跑到那面墙下使劲把女孩推了出去,可是,陈浩自己却被那面墙无情地压在了底下。但陈浩最终还是被救了出来,没有被地震夺去生命。

中小学生及其老师应懂得一些地震知识及其地震防护、自救措施。

学校的领导与教师们都必须做到保持冷静,在抉择时必须果断。在平时教学时要结合各种教学活动,以各种方式向学生们讲述如何避震的知识。在震前一定要安排好学生们撤离的路线和场地,这样在地震后便可以有效地指挥学生,做到有秩序地撤离。如果是在非常坚固、相对比较安全的房间里,则可以暂时躲避在课桌下、讲台旁。而教学楼内部的学生则可以迅速躲到开间小、有管道支撑的房间里,一定不要让学生们到处乱跑,更不能跳楼。

对于躲避时还要注意很多事项,每个学生都应该掌握。在避震时,先要尽快找到相对坚固的物体,可以做支撑、做掩体的地方,然后躲在由它们构成的安全三角区内,如墙角、管道旁、柱子下等,此时双手保持抱头姿势,当感觉地震结束后，要立即抱头弯腰跑到开阔地带，跑出去后一定不要再回到楼房内了。倘若地震后你被埋在建筑物里面了，就要先想方设法把压在腹部以上的物体慢慢清除，一定要缓慢，不能动作太大，否则很容易造成二次伤害。在躲避时最好用毛巾（如果没有毛巾可以用衣服，或者围脖等）捂住口鼻，防止烟尘吸入，因为烟尘过多会让人窒息。在被压的这段时间里要注意保存好体力，仔细想想能不能找到食物和水，为自己的生存创造条件，尽量让自己安静下来等待救援。

倘若在楼层较低（1—2层）的教室里的学生，在情况危急时可考虑跳楼，以此来增加生存的概率。防震知识必须在中小学里得到普及，作为学生的你也一定要有认真学习的优先意识，好好配合学校组织的各种防震演习。

实验室里"巧"避震

地震时如果你身处实验室，危险无疑又增加了一分，因为实验室的各种仪器设备、试剂药品等本身就具有一定的危险性。尤其是化学实验室，化学物品间会反应生成新的物质或气体，有些反应缓慢、有些反应剧烈，操作不当甚至会引起爆炸。这就要求我们在地震发生时，更应该按照正确的操作方法来进行避震。

为了避免地震时实验室中可能出现的危险情况，我们在平时就应该遵循一些基本的原则，并严格按照使用规程来进行操作，具体要求如下：

铁架台应放在水池边，在铁架台的台板上放酒精灯，实验完毕后将铁圈拧紧，在上面放石棉网，在石棉网上放火柴。在铁架台旁依次摆放药品和仪器，将其排成一行，若一行放不下可将药品放一行，仪器放一行。

药品摆放要按固体到液体的顺序摆放；单质到化合物的次序摆放；单质由非金属单质到金属单质；金属单质按金属顺序摆放；化合物按盐酸盐、硫酸盐、硝酸盐、碳酸盐、其他的顺序来摆放。

注意检查仪器，如有损坏及时报告老师，更换仪器，打开排气孔。实验过程中小心操作，特别是容易在实验桌上留下污渍的药品，如不小心留下了应及时清洗掉。不要将带火星的火柴或木条直接放在桌上，应放在石棉网上。实验完成后整理桌面，清洗试管，擦干桌子，将凳子放在桌子下面，关闭排气孔。

实验室要特别注意通风，有毒气体和有毒挥发物的实验要在通风橱下做。易燃易爆物品通常应存放于阴凉避光的专门物品柜。有机和无机试剂分开放，避免污染。要定期检查反应器，及时排除故障。

如果身处实验室，或者是正在做实验的过程中发生了地震，一定要保持镇静，除了要采取普通的防震措施外，还应该针对实验室的特殊情况快速反应，果断采取措施。如果正在做实验，一旦感受到地震发生，要马上停止实验，熄灭酒精灯，进行快速躲避或撤离。如果实验中可能出现引燃或引爆的危险，则应该勇敢解除危险，再进行躲避和撤离。

实验室与普通教室是不同的，因此在寻找躲避空间的时候，要冷静而慎重地进行选择，要注意远离易燃易爆物品，要注意避免让自己处于有毒空气的环境中。

第三章 让孩子快乐地成长
——实验安全和体育

TIAN DUN AN FANG

学校是学生学习的主要场所,因此,为学生提供一个安全的生存空间,建立一个安全的学习环境,使他们能够幸福健康地成长,是学校义不容辞的责任。同时,在教学活动中,如果疏于管理,侥幸行事,就有可能出现各种各样的危害学生安全的事故。本章我们主要介绍学习中的实验安全和体育安全。

引例

2011年，湖北省某地一所小学六年级的学生正在上体育课，自由活动的同学们有的在玩单、双杠，有的在跳绳，还有的在投掷铅球。其中，正在和同学玩丢沙包游戏的毛毛在捡拾沙包时，被另一组同学投掷而来的铅球砸伤了脚，导致骨折。医生说，幸亏治疗及时，否则很可能会留下行走不便的后遗症。

2006年11月某日上午6时，高一学生孙某在参加学校组织的晨跑中突然晕倒。高一年级主任刘老师、孙某所在班的班主任潘老师立即组织在场的部分学生对孙某进行了短时间的抢救，但未见好转，即送往市卫生院进行抢救，后经市人民医院、市军区总医院、市紫金医院等多家医院治疗，最终被诊断为：持续性植物状态、肥厚性心肌病、缺氧性脑病等，现仍处于植物生存状态。

2005年某小学五年级学生上实验课，其中一个实验小组的同学因为争着动手做实验而碰翻了盛有硫酸的玻璃杯，造成三名同学被硫酸烧伤，其中一位同学的眼皮被硫酸溅到，造成轻度毁容。

从上述案例中，我们可以看出学校在教学过程中的安全隐患严重威胁着中小学生的生命安全。因此，为了能使中小学生有一个安全的学习环境，学校应该加强教学安全管理意识。同时，作为中小学生也需要掌握一些必要的安全措施。

实验课上的安全防范

实验课是探索科学奥秘的课程，主要涉及物理、化学、生物等学科。实验课很受同学们的欢迎。但是，实验是科学，必须严肃认真地对待。实验规范是科学家在长期实践中总结的经验，如果违反，轻则造成实验失败，重则造成严重伤害。比如化学实验时，就常因操作不当引发化学品对人的伤害。

化学课中的常见强酸如硫酸、硝酸和盐酸都具有强烈的刺激性和腐蚀性。硫酸对皮肤、黏膜等组织有强烈的刺激和腐蚀作用。硫酸蒸汽或雾可引起结膜炎、结膜水肿、角膜浑浊，以致失明。还会引起呼吸道刺激，重者发生呼吸困难和肺水肿。高浓度硫酸蒸汽还会引起喉痉挛或声门水肿而窒息死亡。误服硫酸后会引起消化道烧伤以致形成溃疡；严重者可能有胃穿孔、腹膜炎、肾损害、休克等。硫酸对皮肤灼伤会使轻者出现红斑，重者形成溃疡，愈后瘢痕挛缩影响皮肤功能。如果溅入眼内可造成灼伤，甚至角膜穿孔、全眼炎，以至失明。硫酸还能造成慢性影响，如牙齿酸蚀症、慢性支气管炎、肺气肿和肺硬化。

硫酸灼伤皮肤一般呈黑色；硝酸灼伤呈灰黄色；盐酸灼伤呈黄绿色。要想避免伤害，首先应当严格遵守实验规则。这些规则包括基本规则、安全规则和急救规则。实验时，一定要记住下列四项基本要求：

第一，实验室是师生进行实验教学的活动场所，应当遵守"三不要"：一是学生进入实验室后要保持肃静，不可大声喧哗。二是无教师指导时，学生不要擅自进入，如有持续的实验必须在下课时间继续进行的，指导教师仍需在旁指导，以维护学生安全。三是实验室中有毒药品甚多，禁止在实验室内饮食，也不要携带食物进入实验室。

第二，实验前要做好"三要"：一要认真听教师讲解实验目的、步骤、仪器的性能与操作方法，以及本次实验的注意事项。二要认真检查所需仪器设备，药品是否齐全完好。三要将实验缺损物品及时向教师报告。

第三，实验过程中要做好四件事情：一要是守操作规程，按照实验步骤认真操作，严禁违规操作，严禁未经教师指导、许可私自操作。二是实验必须按步骤进行，并仔细观察，做好记录，课后及时写好实验报告。三是爱护实验器材，爱惜药品，不随意玩弄器材药品。四是将实验时的异常情况及时报告老师，防止意外事故发生。

第四，实验结束后要做好四件事情：一要将实验时所产生的废物、废液倒入指定的容器内。二要及时洗涤器皿，清理仪器设备，并把器材、药品按规定位置放好。三要仔细检查是否关闭了水源电源。四要检查是否有人私自带走器材、药品。

实验室的安全规则很多，不同的实验还有不同的要求，这里按照不同实验室的要求，提出四项重要规则希望同学们能够认真掌握，这四项规则简称"四防"：

（1）防触电

①实验室必须设置总开关，总开关应安在便于操作的位置，以便能迅速切断电源。

②学生分组实验尽量使用36伏以下的交流电压。

③仪器外壳接地，要定期检查地线是否接地良好。

④所有电工工具应具有绝缘性能良好的手柄。

⑤若身体潮湿时，请勿碰触电器相关物品，以防触电。

（2）防中毒

①使用水银的实验，应防止水银蒸汽的中毒。当有水银洒落在地上时，应予以立即清除。

②接触有毒物品的手，应及时清洗干净。

（3）防创伤

①进行射击实验（如冲击摆实验）时，不能站在射击的方向上，以防伤人。

②用玻璃器皿加热时，应用耐高温的烧杯或烧瓶，以防器皿破裂。

③使用打孔器、针等切割或穿透物体时，不要用另一只手给物体作撑垫，以防穿透时遭机械创伤。不得把手挤进螺孔或管内，以防毛刺刮伤。

（4）防火灾与爆炸

①电源线截面的选用，布线的方法应符合安全用电的规定，并定期检查，安全维修，以防触电。

②要按规定安装保险丝，不得用普通金属丝代替。

③不得用汽油代替煤油或酒精作燃料。

④使用酒精灯要按规范操作。

希望同学们都能在实验课上做到上述各项要求，这样就能在安全而有序的环境中，开展有趣的实验探索。

实验室伤害如何急救

案例

在一所重点高中的化学实验课上,教师在实验前讲解了实验过程,演示了操作方法,但忘记强调使用酒精灯时的注意事项。学生动手操作时,教师在做巡回指导。A同学为了点燃酒精灯,先用火柴到邻座B同学桌上的酒精灯上借火,没有成功。A同学干脆直接拿自己的酒精灯到邻座B同学的酒精灯上借火(这严重违反了操作规定),只听"嘭"的一声,酒精外溢,溅到了邻座B同学的身上,火立即借着流动的酒精在B同学身上燃烧起来。四周同学忙来灭火,老师用大块湿毛巾将B同学身上着火的地方盖住,才将火扑灭。但是,B同学的左臂已经烧伤,并因此不能参加升学考试。同时,C同学在用酒精灯对试管加热时,管口直接对着自己,贴近管口直接观察试管内的液体,沸腾的液体溅到了C同学的身上,导致其皮肤严重过敏。这是一起由于老师未强调安全注意事项所引发的事故。虽然学生学习过化学实验课的操作规定,但是毕竟不经常做实验,老师在每一次实验前应当再次说明操作规定。B同学本身并没有违规,但是却受到了严重的伤害,使学业和身心都受到了不良的影响。学生是学校教育活动的主体,学生在参与学习活动时,老师一定要尽职尽责,对学生进行安全指导,并且要加强学生的安全教育,提高学生的安全意识。

如今，很多中小学校为了锻炼学生们的动手能力设有实验室，供同学们亲手操作实验。实验的确提高了同学们的动手能力，也增加了知识的趣味性。但是，实验的过程中，同学们一定要按照老师的要求，避免造成不必要的伤害。

在试验具体操作的过程中难免会发生一些意外情况。那么，当中小学生在做实验的过程中受到意外伤害时该怎么办呢？下面我们将为同学们介绍几种实验课上常见伤害的急救措施：

（1）扎伤后不能用手抚摸伤口，也不能用水冲洗；若伤口里有碎玻璃片，应先用消过毒的镊子取出来，在伤口上擦红药水或龙胆紫药水，消毒后用止血粉外敷，再用纱布包扎；伤口较大、流血较多时，可用纱布压在伤口上止血，并立即前往医务室或医院治疗。

（2）烫伤后切勿用水冲洗，一般可在伤口处擦烫伤油膏或用浓高锰酸钾溶液擦至皮肤变为棕色，再涂上凡士林或烫伤油膏；被磷灼伤后，应用1%的硝酸银溶液、5%的硫酸铜溶液或高锰酸钾溶液洗涤伤处，然后进行包扎。

（3）如皮肤受（强）碱腐蚀，应先用大量水冲洗，再用2%的醋酸溶液或硼酸溶液清洗，然后用水冲洗；若碱液溅入眼内，应用硼酸溶液冲洗。

（4）如受酸腐蚀，应先用干净的毛巾擦净伤处，再用大量的水冲洗，然后用饱和碳酸氢钠溶液（或稀氨水、肥皂水）冲洗，最后用水冲洗，涂上甘油；若酸溅入眼中，先用大量水冲洗，然后马上送医院治疗。

（5）误吞毒物时，可给中毒者服催吐剂，如肥皂水、芥末水，或将1%的稀硫酸铜溶液加入一杯温水中给中毒者服用，引起其呕吐，然后送医院治疗。

（6）吸入毒气时，如中毒较轻，应把中毒者移到空气新鲜的地方，解松衣服（注意保温），安静休息即可，必要时，可吸入氧气，但不要随便使用人工呼吸；氯气中毒时，可吸入少量酒精和乙醚的混合蒸汽解毒，严禁进行人工呼吸；中毒较重者应立即送医院治疗。

体育事故的缘由

案例一

十岁的晓云，一次穿着一件系有长飘带的上衣上体育课。这堂课的体育项目是爬绳练习，晓云身手敏捷，很快就爬到了顶端，然后她想快速滑下来。不料，上衣的长飘带挂在了器械的绳钩上，当晓云顺势下滑的一瞬间，长飘带勒住了她的脖子。幸亏体育老师眼疾手快，否则后果不堪设想。

学校体育伤害事故是指在学校从事体育课、课外体育活动和体育比赛时发生的人身伤害。导致学生体育伤害事故的原因比较复杂，集中体现在以下几个方面：

（1）学校的管理制度不完善。学校对学生每天使用的体育场地、器材和设备没有建立定期检查、保养、修理和更换的制度，造成任课教师人人都得管，人人都管不好的局面，导致器材设施存在严重的安全隐患。学校室外的体育器材，如单杠、双杠、爬杆、爬绳等，长时间受日晒雨淋，就会减少使用寿命。学生在活动时器材一旦发生破损、断裂，就会使学生受伤。运动场地不平整，有凹凸或者有杂物，跑道太硬或太滑，沙坑太硬或有小石头，踏跳板与地面不齐平等都会成为引起伤害事故的导火索。场地器材的定人定时检查制度，可以避免很多潜在危险事故的发生。

（2）学校的经费投入不足。由于没有充足的经费，学校陈旧、老化的体育设施、设备得不到及时的更新替换，教师只能利用现有的条件进行体育教学，极易导致学生伤害事故的发生。例如，生锈发涩的跨栏架绊倒学生，导致学生受伤；凹凸不平的海绵垫使学生扭伤脚踝等。

（3）学生缺乏安全运动的知识和技能。学生在睡眠不足或休息不好、患病带伤或伤病初愈阶段以及身体疲劳时参加剧烈运动，生理功能和运动能力都会下降，常因肌肉力量较弱、反应迟钝、身体协调性差等导致伤害事故。此外，很多学生没有吃早餐的习惯，饿着肚子上课，这也是伤害事故发生的重要因素之一。

（4）学生缺乏一定的自我约束能力。在比赛中不遵守规则；在练习中打闹嬉戏；冒险做出超过自己能力的技术动作等，这些行为都是造成别人或自己受伤的原因。

（5）教师缺乏足够的爱心和责任心。教师对学生安全无微不至的关怀和周密细致的工作，来自于他们对学生的热爱。只有热爱学生才有真正的责任心，只有教师有了责任心，才会有周密的安全对策，学生的安全才有最基本的保证。

（6）教师缺乏过硬的业务能力。要保证学生的安全，仅有爱心和责任心是不够的，教师还要有丰富的专业知识和高超的安全保护技能。这些技能包括：对场地和器材进行安全布置的技能、对运动器材进行检查和保养的技能、对学生的身体和能力状况进行准确判断的技能、把握教材的难易度与进行教材安全化处理的技能、对各种危险进行准确预测的技能、对各种动作练习进行安全保护的技能、利用学生群体进行相互安全保护的技能、对紧急伤害事故进行正确的初步处理的技能等。如果缺乏这些业务能力，伤害事故随时都有可能发生。

（7）教师缺乏对伤害事故的预见能力。体育教学中有的危险是不可预测的或是人力不可抗拒的，如在上体育课时突然发生了地震、发生了无法躲避的雷击等。除此之外的大部分危险，体育教师都可以凭借经验预见到，并加以有效的预防。

体育课安全小提示

五年级某班的同学们在上体育课,做完了规定的体育项目之后,老师安排他们自由活动,男生在足球场上踢足球,女生在操场上玩丢沙包。有一组女生靠近足球场玩,其中一名女生不小心把沙包丢到了足球场,另一名女生就追过去捡,没想到的是,突然飞来的足球正好砸到了女生的头部,女生当场就被砸晕了。同学们立即把女生送到医院,经过检查,确诊为脑震荡。

体育课是锻炼身体、增强体质的重要课程,其训练的内容多种多样。因此,需要注意的事项也较多。

为了避免从单杠上摔下来导致身体受伤,在进行单、双杠和跳高训练时,器械下面必须准备好厚度符合要求的垫子,若直接跳到坚硬的地面上,会伤及腿部关节或后脑,危害较大。做单、双杠动作时,要采取各种有效的方法,增大摩擦度,使双手握杠时不打滑。

跳远时,要严格按老师的指导助跑、起跳。起跳前前脚要踏中木制的起跳板,起跳后要落入沙坑之中。这样不仅可以保护自己的安全,而且还可以提高自己跳远的成绩。

如果是短跑等项目要按照规定的跑道进行,不能串跑道。以免人多拥挤、相撞,造成不良的后果。特别是快到终点冲刺时,更要遵守规则,因为这时人身体的冲力较大,精力又集中在竞技之中,思想上毫无戒备,一旦相互绊倒,就可能严重受伤。

在进行投掷训练时，如投铁饼、铅球、标枪等，一定要按老师的口令进行，不能有丝毫马虎。这些体育器材有的坚硬沉重，有的前端装有尖利的金属头，如果擅自行事，很可能击中他人或者自己，造成严重的后果，甚至有生命危险。

参加篮球、足球等项目的训练时，要遵守一定的规则，学会保护自己，且不要在争抢中蛮干而伤及他人。

在做跳马、跳箱等跨越训练时，器械前要有跳板，器械后要有保护垫，同时要有老师和同学在器械旁站立保护才可以进行。

前后滚翻、俯卧撑、仰卧起坐等垫上运动项目训练时要严肃认真，不能打闹，以免发生扭伤。

体育课安全措施

体育课不仅仅是学校体育工作的关键环节，它更是实现体育教学水平的最主要的一种表现形式。因此，体育课的安全问题成为学校和教师最关心的问题也就显得自然而然。从体育的结构来看，体育课一般分准备部分、基本部分和结束部分。根据这三部分进行的安全措施和安全教育的具体内容有：

1. 准备部分的安全措施

（1）体育教师课前须对上课所用器材和设施是否完好一定要仔细检查，做到心中有数，运动场地的安全隐患一定要及时清理。

（2）体育教师课前须正确摆放运动器材，对存在危险隐患的器材要派专人看管。

（3）上课前，教师要例行检查学生的穿着是否适宜运动，应随时注意提醒学生不要带任何有碍运动的杂物，对生病和身体不适的学生一定要特殊对待。对课上有明显危险存在的项目（如铅球、标枪等），教师一定要在课程开始阶段重点强调安全须知，并要求学生严格遵守相关具体要求，让学生对可能发生的伤害有所了解，以提高他们的安全意识。

（4）进入准备活动阶段，体育教师要根据气候条件、学生生理和心理特点安排适宜的准备活动内容。例如，进行游戏内容时，对场地的安排一定要合理，避免游戏形式混乱，教师一定要提前准确说明规则，进行中要有效控制学生的兴奋度，以避免不必要的伤害。

2. 基本部分的安全措施

（1）体育教师要根据学生的实际情况安排适当的课堂教学内容，避免超负荷运动。还应注意的是，要考虑不同教学内容前后安排的合理顺序，这样可以避免由体力不支引发的伤害事故。

（2）体育教师的教法要得当，示范要准确，讲解要清晰，引导学生准确地理解动作技术并正确地进行练习。

（3）体育教师要加强课堂组织纪律的管理，对学生在课堂上的散漫行为一定要及时加以制止，课上严禁相互打闹嬉戏、不听指挥、冒险做未学过的技术动作等。

（4）体育教师在课堂上敏锐的观察力必不可少，教师应该时刻注意学生的身体和情绪状况，切实做到防患于未然。例如，避免长跑运动中由于身体突然不适发生伤害，或对抗性项目比赛中由于情绪激动，对自己或他人造成伤害等。

（5）上课时所用的器材一定要摆放得有序而合理，避免过于密集，以免引起学生相互之间的冲撞；避免方位不当，造成太阳光刺伤眼睛；避免摆放不规范，导致学生受伤等。

3. 结束部分的安全措施

（1）体育课的结束部分，教师要根据整堂课的运动负荷合理安排放松练习，要针对学生身心的疲劳程度选择与之相适应的形式和内容。一定要避免因体力不支或思想麻痹而导致伤害事件的发生。

（2）对课堂上出现的有碍安全的违纪行为要给予严肃的批评指正，引起学生的重视；对出现的危险情况，教师要加以分析，引以为戒，避免下次再犯同样的错误。

（3）课后，教师要及时整理运动器材，严禁学生在没有教师看管的情况下，擅自使用运动器材进行练习，从而避免意外的发生。

体育锻炼中的"三大"忌讳

体育锻炼的好处是很多的,但同时也应该明白,不正确的体育锻炼有时也会带给中小学生一些不必要的困扰。下面我们一起了解一下体育锻炼中的几个忌讳:

 **1. 饭后不要剧烈运动**

饭后运动对我们的身体健康是十分不利的。之所以这样说是因为饭后运动给胃增加了刺激,上下左右的颠簸震荡,很容易使人发生恶心、呕吐的感觉,长此以往会引发胃病。饭后,胃肠分泌大量消化液,以消化和吸收食物,且蠕动频率加快,其他器官也加强了工作量,吸收营养,排除废料,这些都需要有大量的血液供应。如果饭后运动,肌肉、骨骼也需要大量的氧气和能量,也需增加供血量,如此一来导致的结果是使摄取的食物得不到充分的消化吸收,骨骼肌肉也供血不足,最终造成"两败俱伤"。

因此饭后不要立即运动,更不要做剧烈运动。如果非要运动,最好在饭后一至一个半小时后再进行,以免身体健康受到伤害。

 2. 运动后忌马上洗冷水澡、游泳、吹风或用空调

有的青少年学生剧烈运动刚一结束,就立刻用电风扇吹风,进入空调室或在阴凉风口处乘凉，殊不知这样做的危害是十分严重的。这是因为这些往往会带走我们身体很多热量，使皮肤温度迅速降低，同时通过神经系统反射活动，会引起上呼吸道血管收缩，使局部抗病力量下降。因此，寄生在上呼吸道黏膜上的细菌病毒就会乘机大量繁殖，从而引发感冒、伤风和气管炎等一系列不利于身体健康的疾病。

 3. 运动后忌大量喝水

剧烈运动后同样也不宜一次性喝水过多，这样一来会使血液中盐的含量大大降低。在天气酷热时，盐分丧失的速度会更快，这就会降低细胞渗透压，导致钠代谢的平衡失调，发生肌肉抽筋等现象。由于剧烈运动时胃肠血液少、功能差，对水的吸收能力弱，过多的水分渗入到细胞和细胞间质中。脑组织是被固定在坚硬的颅骨内的，脑细胞肿胀会引起脑压升高，使人产生头疼、呕吐、嗜睡、视觉模糊、心律缓慢等"水中毒"症状。因此，剧烈活动后口渴也不可喝水太多，正确的喝水方法是"多次少饮"。

体育运动前要先热身

运动之前的热身是必不可少的，热身的重要性在于能有效地预防运动损伤的发生，减少损伤的风险系数。一个有效的热身运动，能使运动的损伤风险降到最低。

身体运动之前进行的准备活动通常称之为热身，它的好处是很多的。热身最重要的作用是可以让身心做好接受艰苦训练的准备，从而帮助身体增加身体的核心温度和肌肉温度。肌肉温度的增加可使肌肉更松弛、更灵活。除此之外，有效的热身运动还可以提高心率和呼吸的深度与频率，增加血液流量、血氧含量及肌肉营养，从而提高肌肉内肌腱与关节的运动能力。

简单轻松的热身运动可以促进身体和心理达到最佳状态，从而达到更令人满意的运动效果。因此，每个热爱运动的人，都应该把热身视作自己运动中的重要过程。一次完整的热身活动应该包括一般热身、静止肌肉拉伸、运动专项热身和动态肌肉拉伸四个部分。这四个部分相辅相成，息息相关，缺一不可。既然热身运动的好处如此之多，那么我们究竟该如何做好热身运动呢？

热身时的肌肉拉伸运动：

（1）拉伸大腿后部肌肉。坐姿，右腿在体前伸直，左腿弯曲，外侧贴近地面，与右腿组成三角形，背部挺直，从胯部开始前倾，双手抓住右脚脚尖，手触脚尖时不允许有弹动式动作，保持这个姿势30秒。然后换腿做同样的动作。每条腿需要拉伸3~5次，交替进行。

（2）拉伸大腿内侧肌肉。坐姿，双脚脚底在身前相互贴紧，膝盖向外撑并尽量靠近地面，双手抓住双脚脚踝，保持这个姿势10秒，放松，然后重复进行3~5次。

（3）拉伸小腿（后部）肌肉。俯身，用双臂和一条腿（伸直，脚尖着地）支撑身体，另一条腿屈于体前放松，身体重心集中于支撑脚的脚尖处，脚跟向后、向下用力，感觉到小腿后部肌肉被拉紧，保持紧张状态10秒，深呼吸放松，动作重复3次，然后换另一条腿再做3次。

（4）拉伸背部肌肉。坐姿，双腿在体前贴紧伸直，上身前倾用手指去碰触脚尖，尽量让腹部、胸部靠近腿部，保持20秒，深呼吸放松，然后重复进行3~5次。

小腿抽筋了怎么办

小腿抽筋也叫"腓肠肌痉挛",主要是指脚心和腿肚抽筋。发作时不仅疼痛难忍,而且还不能活动,常发生在游泳时。如不及时抢救,常常会有生命危险。

 **1. 预防腿抽筋的措施**

(1)注意下肢保暖,睡觉时以右侧睡来避免因循环不良而发生的抽筋现象。

(2)平时多补充含镁、钾和钙的食物。

①含镁食物:黄豆、青豌豆、腰果、芦笋、绿花椰菜、芽甘蓝、玉米、茄子、马铃薯、菠菜、南瓜、麦麸等。

②含钾食物:香蕉、橘子、马铃薯、桃子、酪梨、李子、西红柿、鲑鱼、鲭鱼、黄豆、番薯、菠菜、花生等。

③含钙食物:牛奶、酸奶、奶酪、豆腐、黄豆、花豆、绿花椰菜、芥蓝菜等。

(3)运动前一定要热身,例如游泳时,如果热身运动不足,突然将肌肉暴露在温度太低的环境,就容易发生抽筋的情况。

(4)运动前一小时,最好先补充含有电解质的运动饮料,以免运动中大量流汗会造成体内的盐分流失,电解质失恒,引发肌肉痉挛。

2. 正确的处理方法

（1）将脚慢慢的伸直，不要弯曲或重叠。

（2）脚趾与脚掌慢慢地弯向头部的方向。

（3）可轻轻按摩抽筋的部位，或请他人帮忙热敷与按摩，并保暖。

做以上三个动作时，当张力达到某一强度，大脑会避免肌腱受伤而释放出放松肌肉的讯息，抽筋现象就会消失。

3. 引起腿脚抽筋的常见原因

（1）外界环境的寒冷刺激，如冬季夜里室温较低，入睡时盖的被子过薄或腿脚露到被外。

（2）疲劳、睡眠休息不足或过多导致局部酸性代谢产物堆积，均可引起肌肉痉挛。如走路或运动时间过长，使下肢过度疲劳，或休息睡眠不足，都可使乳酸堆积；睡眠休息过多过长，血液循环减慢，使二氧化碳堆积等。

（3）睡眠姿势不好，如长时间仰卧，被子压在脚面，或长时间俯卧，脚面抵在床铺上，迫使小腿某些肌肉长时间处于绝对放松状态，从而引起肌肉"被动挛缩"等。

# 如何消除肌肉酸痛感

肌肉酸痛是人们在日常生活中经常遇到的事情,这种在锻炼24小时后出现的肌肉酸痛在运动医学上称为"延迟性肌肉酸痛症"。这种酸痛在锻炼后24～72小时达到顶点,5～7天后疼痛基本消失。除酸痛外,还有肌肉僵硬,轻者仅有压痛,重者肌肉肿胀,妨碍活动。

 **1. 在运动中如何有效预防、治疗肌肉酸痛**

(1)锻炼安排要合理。经过一段时间锻炼后,原来导致肌肉酸痛的运动量,就不会出现症状了。例如,下坡运动锻炼一段时间后能减轻下坡锻炼带来的肌肉酸痛症。

(2)局部温热和涂擦药物。锻炼后用温水泡洗可减轻肌肉酸痛。局部涂擦油剂、糊剂或按摩剂也可减轻肌肉酸痛。

(3)做牵伸肌肉的运动。牵伸肌肉可加速肌肉的放松和拮抗肌的松解,有助于缓解肌肉紧张。这种肌肉牵伸练习也可预防锻炼时拉伤。

(4)锻炼前做好准备活动和整理活动。准备活动做得越充分,整理运动做得越合理,就越有助于防止或减轻肌肉酸痛。

2. 出现酸痛后错误的处理方式

（1）受伤后继续运动，仍然长时间集中练习身体某一部位，局部肌肉负担过重。

（2）对酸痛部位继续进行静力牵拉练习，不注意休息，以致肌肉痉挛。

（3）穿太紧的衣服，阻碍血液循环。

3. 正确的急救措施

（1）对局部酸痛肌肉进行热敷，可促进血液循环，提高新陈代谢，促进肌肉酸痛的缓解和恢复。

（2）按摩局部酸痛肌肉，使之彻底放松。

（3）对酸痛部位进行静力伸展练习，保持"较劲"的伸展状态2分钟，放松1分钟。反复练习，每天坚持3～4次，可较好地缓解肌肉酸痛。

（4）口服适当的维生素E，也是有效的对策。

（5）利用电疗、针灸等手段，也可以适当地缓解肌肉酸痛。除了在运动前多做热身运动外，还要随身常备一些药物用于治疗关节肌肉酸痛。

4. 几种治疗关节肌肉酸痛疗效不错的药物

（1）扶他林软膏。主要疗效是可以缓解肌肉、软组织损伤，关节酸痛肿胀、肌肉拉伤和腰肌劳损。使用时涂抹疼痛部位，每天3次，一般1天后便有明显疗效。

（2）云南白药喷雾剂。主要疗效是可以活血化瘀，缓解肌肉酸痛、关节疼痛、风湿骨痛和跌扭摔伤。每日喷患处3～6次，轻度损伤部位的酸痛疼痛症状可在短时间内缓解。

（3）千山活血膏。主要疗效是可以缓解关节酸痛、关节疼痛、关节僵硬、韧带拉伤、肌肉扭伤、骨骼疼痛和消肿止痛。每3天换一贴，15天为一个疗程。

闪腰了怎么办

"闪腰"在医学上称为急性腰扭伤,是一种较常见的病症,大多是因为姿势不正确、用力过猛、活动剧烈及外力碰撞等造成软组织受损所导致的。一旦发生闪腰的情形,要及时妥善施治,并注意休息。

闪腰的症状是伤后会出现腰部持续剧痛,局部出血、肿胀,俯、仰、卧或活动时感到困难,并在咳嗽、打喷嚏、大小便时疼痛加剧。

闪腰后的处理方法为:

(1)一旦出现闪腰的情况,闪腰者应采取俯卧姿势,救助者可用双手掌在患者脊柱两旁,从上往下边揉边压,至臀部向下按摩到大腿下面、小腿后面的肌群,按摩几次后,在最痛的部位用大拇指按摩推揉几次。

(2)可以让患者与救助者背靠背站立,双方将肘部弯曲相互套住,救助者低头弯腰,把患者背起来。并轻轻左右摇晃,同时患者应双脚向上踢,大约3~5分钟后放下,通常背几次之后,腰痛会逐渐缓解。

(3)把炒热的盐或沙子包在布袋里,热敷扭伤处,每次半小时,早晚各一次,并注意不要烫伤皮肤。

(4)取鲜生姜,把研碎的雄黄放入挖空的生姜片内盖紧,放火上焙干,当生姜焙成黄色后,放冷。研成细末,撒在伤湿膏上,并贴在闪腰处。

(5)取荆芥、防风、丁香、肉桂、乳香、没药和胡椒各等量,研成细面,将药粉撒在患处，将用醋浸过的白布盖在药末上，再用 20 毫升注射器吸取浓度 95% 的酒精，喷洒在白布上，然后点燃，并不断喷洒酒精，等感觉烫时吹熄，反复几次，可起到很好的治疗效果。

崴脚了怎么办

外力使足踝部超过其最大活动范围，令关节周围的肌肉、韧带甚至关节囊被拉扯撕裂，出现疼痛、肿胀和跛行的损伤，我们通常称之为崴脚，它是我们日常生活中经常遇见的一种现象。

由于正常踝关节内翻的角度比外翻的角度要大得多，因此崴脚的时候，一般都是脚向内扭翻，受伤的部位在外踝部。面对崴脚的情况，我们发现很多人是先使劲揉搓疼痛的地方，接着用热水洗脚，活血消肿，最后强忍着疼痛走路、活动。但是，这样处理崴伤的脚的方法是十分不正确的。那么，崴脚以后怎样处理才正确呢？

崴脚若只是软组织的损伤，就不算严重，稍重的就可能是外踝或者第五跖骨基底骨折，再重的还可能是内、外踝双踝骨折，甚至造成三踝骨折。不严重的崴脚情况自己就可以处理，如果崴脚严重的话一定要到医院请专业的医生诊断和治疗。若限于条件一时去不了医院，也可以暂时按照下列办法处理，然后尽快到医院进行诊断治疗。

 **1. 正确使用热敷和冷敷**

热敷和冷敷都是物理疗法，但是它们的作用却有着明显不同。血"得热而活，

得寒则凝"。所以，在破裂的血管仍然出血的时候要冷敷，从而使伤势得以控制。待出血停止以后方可热敷，从而消散伤处周围的淤血。

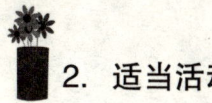

2. 适当活动

在伤后肿胀和疼痛同时进行时，一定不要支撑体重站立或进行走动，此时，最好的做法是抬高患肢不要进行任何活动。待病情好转后，可抬高患肢进行足踝部的主动活动，一定不要做可以引起剧痛的活动。等到肿胀和疼痛逐渐减轻时，再下地走动，此时进行活动，应该遵循循序渐进的原则，待适应以后慢慢增加。

3. 正确按揉

在出血停止前，以在血肿处做持续按揉为最佳选择，具体方法是用手掌大鱼际(手掌正面拇指根部，下至掌跟，伸开手掌时明显突起的部位)按在局部，压力以虽疼但是可以忍受为宜。持续按压2～3分钟，再缓缓松开，稍停片刻再重复操作。每重复5次为一个阶段，每天做3～4个阶段较合适。出血停止之后做揉法，用大鱼际或拇指指腹对局部施加一定压力并揉动，方向是以肿胀明显处为中心，离心性地向周围各个方向按揉，每次做2～3分钟，每天做3～5次。

4. 合理用药

出血停止以前，尽可能地不用内服或外敷的活血药物，可用"好得快"喷洒伤处，内服云南白药。出血停止以后，则宜外敷五虎丹，内服跌打丸、活血止痛散等。后期可用中草药熏洗。假若一时没有中成药，也可以把面粉炒黄，用米醋调和敷在患处来代替五虎丹，这样做也可以收到很好的疗效。

谨防运动会上发生意外

运动会的安全问题尤为重要，这是因为运动会的竞赛项目多、持续时间长、运动强度大、参加人数多。

2012年秋，某中学在田径场开展运动会。高一学生李明作为班级体育委员，报名参加了跳高和1500米跑步两个项目。当天上午，他首先参加了跳高比赛。比赛时，他采用跨越式姿势跨越横杆，但遗憾的是，就在越过横杆后，他直直地摔在沙坑中，而且是背部着地。他当即感到两眼冒金星、胸口发闷。

李明很快被送到校医室，但校医询问情况后没有开病假单。李明去找班主任要求放弃下午的1500米跑步项目，令人意外的是，班主任的答复是："你要能够找到人代替你，你就可以不跑。"李明在找不到人代替的情况下，忍着疼痛坚持参加了下午的1500米跑步。"在运动会结束后，我一直感觉双腿乏力。"李明回忆说。没多久，他便感到右脚趾冷热感觉减退，继而双脚肌力减退。后来的检查结果把李明和他的家人吓坏了：脊髓颈有大面积出血，伴水肿，压迫中枢神经。在医院保守治疗13个月后，不幸的李明高位截瘫。

由以上事例我们可以看出，无论是参赛的学生还是作为观众的学生，都要提高自我保护意识。以下几个方面一定要时时注意：

（1）在参加体育运动时，确保安全的首要要求是要遵守赛场纪律，服从调度指挥。

（2）没有比赛项目的同学不要在赛场中穿行、玩耍，要在指定的地点观看比赛，以免被投掷的铅球、标枪等击伤，也避免与参加比赛的同学相撞。

（3）参加比赛前要切实掌握项目的要领，做好防范工作，切不可在毫无准备的情况下报名参加运动会，同时临赛前做好热身，以使身体适应比赛。

（4）临赛前不可吃得过饱或饮水过多，临赛前半小时内，可以吃些巧克力等高热量食物，以增加身体的能量。

（5）比赛结束后，放松活动必不可少，例如慢跑等，这样有利于心脏的逐渐恢复。

（6）剧烈运动后，不要马上大量饮水、吃冷饮，也不要立即洗冷水澡。

体育课上穿着有讲究

运动着装可以比较随意,但要讲究科学性。得体的鞋和衣服,对运动有支持和保护作用。

有些中小学生穿着皮鞋、裙子上体育课,这不但不美观,还存在着很多安全隐患。例如,上体育课难免跑跑跳跳,这时候如果穿着皮鞋,不但运动起来不方便,对脚也起不到保护作用。为了确保中小学生的运动健康,就要注重运动时的着装。那么运动中科学着装,具体应该怎么做呢?

科学着装首先要选择服装的材质。中小学生在选择运动服装时,最好选择由散热性较好的材料制成的,尤其避免选择纯棉材质的服装。

尽管纯棉服装的吸汗功能很好,但所吸的汗水并不能散发出来,从而造成运动时的汗水黏附在皮肤上,使得皮肤逐渐变冷,难以保温。尤其是在寒冷的冬季,穿着纯棉面料的服装反而更容易在剧烈运动后使人着凉,引发风寒感冒、头痛等症状。而类似聚丙烯这样的材料,具有良好的散热功能,有利于保持皮肤清爽,让学生运动更舒适。

此外,许多中小学生一般会以为身体一运动起来,就不会有寒冷的感觉,穿一身运动服就可以了。但是人体在户外运动时产生较多热量的时候仅在运动中段,在运动前和运动后体温容易受到外界温度的影响,如果注意不当,就会因人体温度的剧烈变化而生病。

最后还要提醒中小学生,冬季运动与夏季不同,穿衣不能过度减少,最好穿薄的多层衣服。多层衣服比单层衣服有更强的保温能力,而且在运动中感到热时,可以脱下几层衣服。另外,戴帽子、手套能防止身体热量丢失。

小心打篮球时受伤

在校园和街头的篮球场，经常能看到中小学生朝气蓬勃地打篮球。但篮球场上的激烈对抗时有发生，而身体处在发育阶段的中小学生，大多没有接受过专业的训练，如果在一些运动细节上不注意，就容易造成身体伤害。那么，中小学生在打篮球时经常会怎样受伤？避免受伤的注意事项又有哪些呢？

踩脚在篮球运动中所难免，往往发生在抢篮板时，一般踩的都是背后的人的脚。那么抢篮板后落地时，就要撅起臀部，靠着背后的人，腿部呈"ᒕ"状尽量向前一点落地。同时上身前倾保持平衡，这样也能顺势把球抱在怀里，避免被人抢走。

急变向或急停时扭脚，从字表意思就能看出是因为变向或急停时蹬地的方向不对而受伤的。众所周知，乔丹和大部分球员都有一个特点，脚经常呈内八字，膝盖内扣。这个方式是适合变向时发力，比如说想向左冲，那么先让重心向前一些，内扣的右腿正好可以顺势发力，但是问题也就出现了，如果右腿已发力，突然又想向另一方向跑，造成左腿没有及时抬起就内扣在地上，左脚岂不是要扭了？

想避免以上受伤的办法就是多练习基本步伐，防守的滑步尤其重要，防守时要放弃内八，而是摆出外八，想向右就右脚发力拖左脚，反之亦然，这才是正确的滑步，这样才能更快地防住对手而避免自己受伤。突然变向也是一个急停再加速的动作，所以也要注意，急停时就算是假动作，也要让脚尖顺着"假"的前方。这样不仅更逼真，也会避免扭伤脚踝。

投篮时能不跳高就不跳高，根据防守的情况决定跳多高。不论什么情况，尽量避免侧向飞时落地，落地时要么是正面，要么是背面，落地时绝不要让脚进行横向的缓冲。一旦落地不稳，干脆打个滚，或者摔下去，擦伤总比扭伤来得轻，不要强行稳定身形，那可能就会造成扭伤。

打篮球时受伤怎么办

现在很多学校都建有专门的篮球场,供学生们锻炼和运动,但是由于篮球运动的奔跑与激烈性,常常会使学生在参加篮球运动时受到一些意外伤害。因此,中小学生应该掌握一些预防和处理篮球运动导致的意外伤害的措施。

(1)擦伤(皮肤表面受到摩擦后的损伤)

轻度擦伤处理:伤口干净者一般只要涂上红药水或紫药水即可自愈。

重度擦伤处理:(首先需要止血)冷敷法、抬高肢体法、绷带加压包扎法、手指直接指点压止血法。

冷敷法:可使血管收缩,减少局部充血,降低组织温度,抑制神经的感觉,因而有止血、止痛和防肿的作用,常用于急性闭合性软组织损伤。

(2)鼻出血(鼻部受外力撞击而出血)

处理:应使受伤者坐下,头后仰,暂时用口呼吸,鼻孔用纱布塞住,用冷毛巾敷在额和鼻梁上,即可止血。

(3)扭伤(当关节活动范围超过正常限度时,附在关节周围的韧带、肌腱、肌肉撕裂、断裂或移位等造成的损伤)

重度扭伤处理:应先止血、止痛,再把受伤肢体抬高加固,用冷水淋洗伤部或用冷毛巾进行冷敷,使血管收缩,减轻出血程度,缓解疼痛。不要乱揉,防止出血增加。然后在伤处垫上棉花,用绷带加压包扎。受伤48小时以后改用热敷,促进淤血的吸收。

(4)挫伤(在钝重器械打击或外力直接作用下使皮下组织、肌肉、韧带或其他组织受伤,而伤部皮肤往往完整无损或只有轻微破损)

处理办法与重度扭伤一样。

（5）脑震荡（头部受外力打击或碰撞到坚硬物体，使脑神经细胞、纤维受到过度震动，分为轻度、中度和重度脑震荡）

处理：对于患有轻度脑震荡的病人，安静卧床休息一两天后，可在一星期后参加适当的康复活动。

对于中、重度脑震荡患者，要保持患者的绝对安静，仰卧在平坦的地方，冷敷头部，注意保暖，并及时送往医院治疗。

（6）脱臼（由于直接或间接的暴力作用，使关节面脱离了正常的解剖位置）

处理：动作要轻柔，不可乱伸乱扭。可以先冷敷，扎上绷带，保持关节固定不动，再请医生矫治。

（7）骨折（骨的完整性受破坏）

处理：首先把伤肢放平，动作要轻巧，不可乱伸乱扭，然后进行冷敷，扎上绷带，保持关节固定不动，再请医生矫治。

踢足球时要注意安全

足球运动是世界体育运动中开展最广泛、影响最大的一种运动项目，号称"世界第一大球"、"世界第一运动"。它是以脚完成技术动作，分两队相互对抗，以攻入对方球门多少判定胜负。这是一项激烈而又富有魅力的球类运动项目，深受世界各国人民的喜爱。足球比赛以其特有的魅力吸引了成千上万的中小学生。然而，这项激烈的运动，会因为身体碰撞、争抢给参与这项运动的人造成不同程度的损伤，比如用力过猛引起的肌肉拉伤，或者被别人踢伤、铲伤等。在此对足球运动的损伤部位、原因、预防等方面做一些简单的分析，以便中小学生可以健康快乐地踢球。

足球运动损伤的发生，总结起来有以下几方面原因：

（1）激烈比赛时紧张地争夺、疾跑与铲球这些动作，容易造成大腿与小腿之间的肌肉拉伤与断裂。突然改变体位时，小腿会因突然扭转、内收或外展而引起膝、踝关节的韧带或骨骼的损伤。

（2）因球的间接作用而致伤，这种损伤多见于下肢。例如，用脚外侧踢球，就容易损伤距腓前韧带，这是最常见的踝关节损伤。用足内侧前脚踢球，由于膝关节屈曲，小腿因球的作用而突然向外伸展，这时就很容易损伤到膝的内侧副韧带、半月板及前十字韧带。特别是与对方运动员"对脚"时更容易发生。

此外，一次有力的"屈膝后摆腿正脚背"踢球，由于球的反作用，突然使股四头肌的猛力收缩，常常会造成股四头肌、股直肌腹或腱膜的撕裂。处于中小学生这一年龄阶段，则容易引起胫骨节软骨炎的发生。

（3）球击伤。例如皮肤表皮的擦伤、挫伤或腹部挫伤（肝脾破裂、胃肠道挫伤）、阴囊及睾丸挫伤等。但最典型而常见的损伤是守门员的手指损伤，如拇指、食指或其他手指的韧带牵扯与关节半脱位。

（4）踢伤。比赛时大小腿部位常常被视为"球靴"，因此足球运动中小腿是最易被踢伤的部位。踢球时小腿受到踢撞，会引起肌肉挫伤、皮下血肿、肌肉断裂（最常见的是股四头肌的损伤）以及骨的损伤（如胫骨骨折或胫骨创伤性骨膜炎）等。

（5）摔倒。在运动员争球、冲撞或疾跑时很容易出现摔倒的情况，因此，发生创伤的机率很大，场地不平时尤易发生。常见的如擦伤、创伤性滑囊炎（膝及肘）、髌骨骨折、脊柱骨折、脑出血、脑震荡等大多因踢球时摔倒所致。此外，在塑料草坪上摔倒还会造成热烧伤。

（6）其他。除上述情况以外，足球运动员也常会因劳损而造成慢性创伤，如由于踝关节创伤而引起的骨关节病（又名"足球踝"，其成因之一是局部劳损，X光片表现为踝关节前后骨质增生）、趾骨炎及髌骨软骨病。

运动员犯规或动作技术不正确是造成外伤的主要原因，占外伤发生率的百分比很大。此外，还有不遵守训练原则、技术不过硬、场地不好、运动员忽视使用保护装备（如护腿）、裁判不严及运动员过度疲劳等原因。因此，创伤的预防要针对这些方面来解决。除了加强思想政治工作和坚持全面训练原则以外，还要注意使用各种保护装置。要反复宣传说明，训练和比赛时要使用绷带裹踝，防止踝扭伤与"足球踝"的发生。开始时因踝的动作不习惯而不太灵活，但换来的却是长久的"踝灵活"。另外，为了预防肘、膝小腿挫裂伤，应该使用相应的安全防护，比如护肘、护膝及护腿。

打乒乓球如何保障安全

乒乓球运动自 1904 年传入我国以来，很快受到了很多人的喜爱，中小学校也都纷纷开设这一运动课程。乒乓球运动不仅可以提高中小学生的反应能力，而且还可以提高思维活跃度，进而提高学习能力。

现实生活中，很多中小学生都存在这样的认识：乒乓球运动的运动量小，运动范围小，运动员之间也没有直接的身体接触，运动损伤的机率也较小，这项运动应该是十分安全的。实际上，这种认识是不正确的，乒乓球场地虽然较小，又无对抗性，但由于其速度快、变化多，运动量也是较大的，如果长期超负荷地进行此项运动就会对相关部位造成一定程度的损伤，严重的话还会给同学们带来无法挽回的后果。接下来，我们一起了解一下乒乓球运动中常见运动损伤的发生原因、预防及治疗：

1. 腰背部肌筋膜炎

肌筋膜是一层较薄的结缔组织，它大面积存在于肌肉表面，包绕腰背肌的筋膜是很厚的深浅两层，腰部筋膜及其下分布着脂肪组织、血管和神经。腰背肌筋膜炎是指筋膜、肌肉和肌腱附着区、脂肪、血管和神经等组织的病理改变。乒乓球运动时，腰背部随着球拍的挥动要完成前屈、侧弯、旋转等动作，长期进行这些动作就容易造成腰部肌肉损伤。

主要症状：腰部酸痛、沉重，运动中及运动后症状明显，腰背部劳累后疼痛加重。

治疗方法：轻度损伤者需要进行按摩、理疗、针灸等治疗，较严重者则需要进行手术治疗。

预防：适当调整运动量，在运动时佩戴护具，运动后要及时做腰背部的按摩和放松运动。

2. 肩袖损伤

人体活动度最大的关节是肩关节，乒乓球运动是以肩关节活动为基础的运动，因此，也是较易损伤肩关节的运动。冈上肌、肩胛下肌、冈下肌及小圆肌的肌腱止于肱骨大小结节及部分外侧肱骨颈部，好似上衣的袖口，"肩袖"因此得名。肩袖是肩关节活动中的解剖弱点，特别是在负重时。在进行乒乓球运动时会有提拉、扣杀、削球等动作，这时上臂需要做反复内旋、外展等动作，如长期大量运动或急性损伤时都会造成肩袖损伤。

主要症状：肩痛明显，肩部活动受限制，还会出现肌肉痉挛和肌肉萎缩现象。

治疗方法：根据病情轻重可用固定、封闭、理疗或手术等方法处理。

预防：适当调整运动量，平时加强上肢肌肉的训练。

3. 三角软骨盘损伤

腕软骨盘又称腕三角软骨盘。在乒乓球运动中进行的推挡、反手攻球、反手快拉、快拨、反手弧圈球等动作，会使下尺桡关节趋向分离，牵扯三角软骨盘而造成肩袖损伤。

主要症状：旋转前臂时出现腕关节小拇指侧疼痛，腕部无力、弹响和交锁。

治疗方法：轻度损伤者进行局部加固封闭、理疗、按摩，严重时需经手术治疗。

预防：在明确损伤原因的前提下，减少运动量。

4. 髌腱末端病

乒乓球运动虽然以上肢运动为主，但步法灵活也是取胜的必须之法。无论怎样的技术动作都需要一定的步法支持,所以长期大量的运动就会造成膝关节劳损、疼痛。髌腱是由无血管的肌腱纤维构成的,腱围是指髌腱背侧与深筋膜之间的多层结缔组织,髌腱及腱围与髌骨连接处就是腱止点。髌腱腱围炎是指髌尖下极髌腱附着带点及髌腱、腱围部疼痛的创伤病变。

主要症状:膝关节疼痛,痛点在髌尖或髌腱处,半蹲、跑跳、上下楼时疼痛加剧。

治疗方法:进行按摩、理疗治疗即可。

预防:适当调整运动量,加强下肢肌肉训练,必要时则需佩戴护具。

5. 跟腱腱围炎

跟腱是人体最大的肌腱,近端是腓肠肌、远端止于跟骨后下方。在跟腱的周围是所谓的"腱围",它有很多层,每层都有独立的营养血管,各层之间也可以自由滑动,以适应踝关节的屈伸活动。跟腱的作用主要是跑跳,走路时提踵。运动员一次有力的踏跳或跨步,其力量可达 780 千克,所以跟腱所承受的拉力是巨大的,因此也就较容易损伤部位。乒乓球运动因为需要不停地移动步伐,做扣杀等动作时还需以足踏地来发力,所以若运动量过大,就会造成跟腱局部损伤,出现跟腱腱围炎甚至跟腱断裂的情况。

主要症状:最初感觉跟腱在运动前后疼痛,准备活动后疼痛多可消失,如继续重复损伤动作,就会导致疼痛加重,走路时或屈伸时也会出现疼痛,晚期跟腱常会出现菱形肿大的现象。

治疗方法:局部封闭,理疗、手术治疗及康复训练。

预防:控制运动量,运动后对踝关节进行按摩和放松运动。

6. 肱二头肌长头肌腱腱鞘炎

肱二头肌是上臂前方的重要肌肉组织,呈菱形。其端有两个头,其中长头以长腱起自肩胛骨盂上结节,经结节间沟下降。乒乓球运动中在进行反复的提拉、扣杀、削球、弧圈球等动作时,上臂前方的肱二头肌必须进行反复收缩才可发力,长期大量运动就会造成此疾病。

主要症状：一次致伤或慢性病变再伤时，在受伤当时即有疼痛，随即疼痛加剧，肩关节活动明显受限，疼痛部位多在上臂前外侧。

治疗方法：疾病出现早期采用冰敷治疗，可减缓患处疼痛，后期可通过按摩、理疗、外用药物等方法处理，如出现脱位应及时送往医院处理。

预防：调节运动量和运动力度，注意运动前的准备活动和运动后的放松运动。

打羽毛球如何保障安全

羽毛球是一项十分普及的运动。值得注意的是，大多数业余爱好者都没有经过专业人员指导，只是简单地凭自己的感觉和习惯打球。其实，在进行羽毛球运动时，如果不注意动作的规范、科学，长期以错误的姿势打球，那么很容易造成运动损伤。还需要注意的是，羽毛球运动的损伤，绝大部分属于软组织损伤，主要涉及肌肉、筋膜、肌腱、腱鞘、关节囊与韧带等部位。

（1）肩、肘关节损伤。在进行羽毛球运动的过程中，最为常见的是肘关节内侧韧带损伤。它的发生，主要是在进行扣杀动作过程中，上臂往往处于外展位，而肘关节屈曲90度，如此时肘关节在低于肩关节的情况下进行大力扣杀，极易使肘内侧受剪力的作用而损伤该部位组织。因此，扣杀球时应将力量集中在腕关节，击球瞬间肌肉收缩，其他时间肌肉应尽量处于放松状态。

（2）膝关节损伤。膝关节之所以容易受到损伤往往与跳起扣杀后落地姿势不佳有关。因此我们建议，在进行羽毛球运动时做跳起动作要格外小心，因为跳起后落地时，人体容易失去平衡或两腿靠拢不够，使小腿突然外展、外旋或小腿固定，大腿突然内收、内旋，在这种情况下很有可能造成膝内侧韧带损伤，甚至内侧半月板损伤；如果屈曲的膝关节、小腿突然内收、内旋或小腿固定、大腿突然外展、外旋，则会引起膝外侧韧带损伤，严重的话还会导致外侧半月板损伤。

（3）踝关节损伤。羽毛球运动中，踝关节也是极易受伤的部位。由于羽毛球落点变化大，打球者需要脚下不停移动，很多人冲到网前跨步接球时，因速度太快而习惯用脚尖着地，这样很容易导致踝关节局部负荷过重。加上肌肉力量不足，导致踝关节韧带扭伤，姿势长期错误，还会造成踝关节创伤性滑膜炎。应该了解的是，在进行羽毛球运动时，正确的着地方法应该是，前跨步时脚跟外后侧最先着地，依次向前直至整个脚掌落地。落地时应尽量将脚步放轻，避免突然、猛烈地着地。如果条件允许的话，最好能在木制地板的场馆里打球。除此之外，运动鞋的鞋底也要有一定的厚度和弹性，这样可以大大减少对踝、膝等关节损伤的几率。

（4）肌肉拉伤。只要是涉及运动，肌肉拉伤的情况就很有可能发生。在羽毛球运动中，最常见的是大腿后肌群和肘内侧肌群拉伤。造成肌肉拉伤的主要原因是姿势、技术上的错误，如不正确的跨步、蹬步、垫步及后场扣杀等。肌肉拉伤有两种：

①主动拉伤。它的发生主要由于肌肉猛烈收缩，使肌肉的收缩力超过了其本身所能承受的能力而引起。

②被动拉伤。是由于肌肉在一定的紧张、僵硬或牵拉状态下受到猛烈、超限的牵伸，超越了肌肉本身的伸展程度所致。

要想更好地避免肌肉拉伤，除应掌握正确的打球姿势和技巧外，对肌肉进行锻炼也是必不可少的，因为身体素质差是发生损伤的内在因素。大量统计数据表明，城市里25～50岁年龄段的人是最缺乏锻炼的群体。他们长期不参加体育运动，使肌肉弹性、伸展性变差，肌力变弱。加之打球前准备活动不充分，不当地使用暴力牵拉肌肉，以及场地不良等，肌肉拉伤在所难免。

为避免损伤，在打球时应使用各种护具，如护腕、护肩、护膝、护踝等。除此之外，最好的办法就是掌握打球的正确方法和技巧，选择合适的场地和运动鞋，做好充分的准备活动。

第四章 火电隐患猛于虎——用火用电安全

TIAN DUN AN FANG

近年来，火灾成为校园内最常见的校园事故，轻则造成学校及学生的财产损失，重则危及学校师生的生命。本章主要讲述校园安全中因人为忽视而导致的重大火灾事故，尤其是用电引起的火灾事故。本章介绍了众多防范及急救小常识，可以指导中小学生遇到火灾事故时进行正确的逃生和急救。

引例

2000年3月27日，吉林省松原市扶余县万发乡中学一栋砖瓦结构的学生平房宿舍发生火灾。大火烧毁了12间学生宿舍，共415平方米，4名学生在火灾中丧生，11名学生被烧成重伤。这是近十年来，吉林省伤亡最惨重的一起校园火灾事故。

2002年6月9日23时半，云南省昆明市寻甸县羊街镇三元庄村小学发生火灾。寻甸县公安局接报后立即出动派出所民警和消防大队官兵赶赴现场扑救。由于起火房屋为土木结构旧房，过火较快，扑救工作难度较大，至次日2时大火才被扑灭，从火场中救出9名学生。

2007年11月29日中午，上海某学校一女生寝室突然发生火灾。大火导致宿舍门无法打开，所幸楼层不高，4名被困女生通过身绑床单的方式逃下楼脱险，室内物品几乎完全烧毁。后经调查，失火原因为违规使用"热得快"。该校严禁学生使用违章电器。学校领导表示，学生宿舍是一个集体场所，更是一个人口密度极大的聚居地，任何一场火灾都可能造成重大后果，带来无可挽回的财产损失和人身伤害。所以为了住宿同学的生命财产安全，学校明令禁止学生在宿舍内使用违章电器，但学生使用违章电器现象却屡禁不止。

从案例中我们可以看出，校园用火用电安全问题已成为校园安全的热点问题。因此，通过培养学生的安全意识，使发生在他们身上的伤害事故减少到最低限度，已成为中小学教育和管理的重要内容。

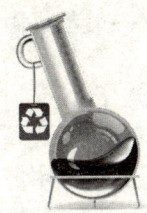

校园火灾原因大盘点

在现代校园中,学校火灾的发生率呈逐年增长之势。据相关资料统计,历年来大多数学校发生的火灾原因主要有以下几种情况:

 **1. 使用明火不慎导致火灾**

(1)违规点蜡烛。学校都有规定,学生宿舍晚上都统一断电熄灯,但个别学生在熄灯后违规点蜡烛看书。

(2)违规点蚊香。我们知道,点燃的蚊香有700℃左右,而布匹的燃点(持续燃烧的最低温度)为200℃,纸张燃点为130℃,若这类可燃物品靠近点燃的蚊香,那么,在这种情况之下就很有可能导致火灾。

(3)违规吸烟。众所周知,烟头的表面温度为200℃~300℃,中心温度为700℃~800℃,一般可燃物的燃点大多低于烟头表面温度,若点燃的烟头遇到燃点低于烟头温度的可燃物,火灾就难以避免。

(4)违规使用灶具。个别学生为了达到省事的目的,常常不顾学校的规章制度,违规使用煤油炉、酒精炉。特别是酒精(乙醇),它是一种易燃液体,如使用不当,最易引起火灾事故。

(5)违规烧废物。有的学生在宿舍内烧废纸等物,若靠近蚊帐、衣被等可燃物或火未彻底熄灭,人就离开,火星飞到这些可燃物上也能引起火灾。

2. 电气火灾

在校园里，除少数是设备上的原因外，电气火灾一般都是由人造成的。归纳起来，校园引发电气火灾的原因主要有：

（1）违规用电

学校的建筑物、供电线路、供电设备，都是按照实际使用情况设计的，如果在宿舍内违规使用大功率电器，如电饭锅、电吹风、热得快等电器，就会使供电线路过载发热，加速线路老化而起火。

（2）使用电器不当

60瓦以上的灯泡靠近纸张等可燃物，长时间烘烤易起火；充电器长时间充电，长时间被衣被覆盖，散热不良，也能引起燃烧。使用电器时操作不当也能引起火灾，例如，使用交直流两用不带交流开关的录音机，总以为录音机开关已关，实质上交流电还在工作，关的只是直流电而已，电源变压器长时间在工作，使变压器的绝缘体下降，变压器聚热引起燃烧。

（3）定时供电或因故障而停电引起火灾

例如某学生使用电吹风时，突然停电，电源插头未拔就离开宿舍，来电时又没有及时回宿舍，电吹风较长时间地持续工作，这样很容易引起火灾。因此，学生在电器使用完毕或停电时，一定要关掉电源。

3. 违反实验室操作规程

学生在实验中用火、用电、用危险物品时，若违反规程规定，也能引起火灾。例如，有电感的实验设备在使用时有物品覆盖在散热孔上，使设备聚热，导致设备燃烧；用火时，周围的可燃物若没有进行彻底清理，火星飞到可燃物上容易引起燃烧；进行学实验时，将相互抵触的化学试剂混在一起，试验温度过高或操作不当，也能诱发火灾事故。

校园火灾隐患多

学校里的人口密集，而且学生的防火意识比较薄弱，消防常识和逃生自救知识往往也非常匮乏，一旦发生火灾，往往容易发生群死群伤的后果。

因此，对于校方来说，配备足够的消防设施，同时保证校内的消防设施正常运转是不可推卸的责任。而同学们则要监督校内是否有消防设施配置不完善的地方。此外，更重要的是，同学们要培养防火意识，避免因自己的失误而导致火灾。同时，还要学习消防常识和逃生自救知识，尽可能地保护自己免受火灾侵袭。

在学校中，究竟哪些地方易存在火灾隐患，而这些地方的哪些物品又是火灾的根源呢？

1. 学生宿舍

首先，学生宿舍是火灾的温床。学校中大部分的火灾，都发生在宿舍。宿舍里人口密集，同学们用电不注意很容易就会造成火灾。其次，同学们在宿舍的时候基本都在睡觉，警惕性很低，很可能发现火情的时候就已经无法补救了。因此，学生宿舍是火灾隐患部位的第一名。

宿舍中易引发火灾的物品很多。比如有些学生随意拽拉电线，使用电炉、电暖风、电熨斗，这些都容易使宿舍内电路负荷过大，造成短路，引起电力火灾。有些学生会用酒精炉、柴油炉做饭，还有的夜间熄灯后点蜡看书，这些都会因使用不当或无人看管而引起火灾。

2. 实验室

学校的实验室内一般都储存有一定量的易燃易爆化学危险品，如使用和保管不当，极易引发火灾。另外，在实验进程中常用明火进行加热、蒸馏等实验操作，以及使用电热仪器时用电量过大等，都可能出现危险。

3. 礼堂和体育馆

学校的礼堂和体育馆内经常会举行一些大型的集体活动，一旦在活动中发生火情，疏散就是一个大问题。因为同学们年龄都很小，很容易在灾难面前表现慌乱，不听从指挥。另外，很多学校的安全疏散通道也存在问题，有的被改作他用甚至直接被封死，虽然平时不觉得有什么问题，但是一旦发生火灾，就后悔莫及了。在礼堂和体育馆中，引发火灾的因素并不确定，因为每次活动所使用的材料不同，引发火灾的可能性自然也完全不同。有的时候学校礼堂会举办一些演出活动，使用的灯具不同于普通的灯具，它们的功率很大，温度也非常高，很容易引起一些幕布之类易燃物的燃烧，很多礼堂的火灾，都是这么引发的。

4. 食堂

食堂之所以被提出来，原因和宿舍差不多，都是因为用火用电的机会比较多，而且人员密集。一旦厨房中的炉灶引起火灾蔓延出来，在没有人组织安全疏散的情况下，大家都拥挤着逃生，很可能造成推搡、踩踏事故，不仅无法逃生，还可能造成更多额外的伤害。不过，由于食堂中的火灾多发生在白天，能够被及时发现，同时火灾多从后厨燃起，留给大家的逃生时间相对较多，所以其危险程度较前几个都低一些。

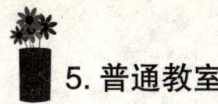

5. 普通教室

教室之所以被列在最后，是因为同学们在教室活动的时间基本都是白天，警惕性比较高。而且教室里一般都有老师，一旦遇到险情，可以及时指导大家疏散，不会出现特别混乱的情形。因此，教室的危险程度比较低。

教室起火可能是课堂上进行实验和演示时用火用电或化学危险物品引起的。当然，还有可能是同学们在教室中玩火所导致的。要知道，教室里的书本、作业本、木质课桌都属于着火点较低的可燃物，随意玩火很可能将其点燃，引发火灾。

除此之外，如果学校里有正在施工的建筑，那就会又多一个火灾易发地。施工中的建筑用火用电很多，而建筑材料里面，有很多是非常容易燃烧的，所以必须对施工现场加强监督。

了解了校园中哪里存在火灾隐患，下次去学校记得观察一下，看看自己的学校在这些地方有没有做好充分的应对火灾的准备。出入这些地方的时候，也要熟悉其中的逃生路线，以应对意外出现的火情。

在校园要远离香烟

案例

2008年10月21日，广西省某学校一名学生在宿舍吸烟时，不慎引燃了被褥。幸亏保安扑救及时，才避免了更大的损失。

10月21日21时50分，正值市区某学校晚自习放学时间，正在学校门口值勤的保安张晓突然听到有人惊叫："男生宿舍308房间着火了！"张晓立即安排备勤队员值勤，自己和另一名保安杨永辉迅速赶到出事地点。此时，该校男生宿舍楼一片漆黑，走廊上烟雾弥漫。两人立即组织学生疏散，并冒着呛人的烟雾，冲进着火的宿舍，将被引燃的被褥上的余烬扑灭，随后，将学生们的被褥、衣物等易燃物品搬出室外，待火灾隐患被彻底消除后才离开。据了解，起火的原因是一名学生在宿舍内吸烟，不慎将被褥引燃所致。

燃烧着的香烟的温度高达288℃~732℃，能够引燃大部分可燃固体和易燃气体、液体等。学生因为怕被老师批评，所以在抽烟的时候总会想方设法地躲避老师，一旦发现老师，就会在慌乱中将未熄灭的烟头随便乱扔，很容易引燃教室、宿舍以及楼道内的可燃物。若是在有危险品存放的实验室内抽烟，引起火灾的可能性更大。

烟头虽小，潜在的危险却很大。香烟的燃烧状态，可分为自由燃烧和吸烟燃烧两种，这两种燃烧是交替进行的。香烟的品种不同，其燃烧时的最高温度和各燃烧区域的温度也不同。一般说来，香烟燃烧时的烧灼中心部位温度有800℃~900℃，在卷纸的燃烧边缘温度则可达到200℃~300℃。吸烟燃烧时中心温度要比自由燃烧时高一些。要保持香烟燃烧，中心部位必须在700℃以上。而一般可燃物的着火点大多低于烟头表面温度,如纸张为130℃,布匹为200℃,松木为250℃。一支香烟燃烧时间为4～15分钟。在这段时间内基本上能将一般可燃物点燃。在自然通风条件下试验,将烟头扔进深5厘米的锯末中,经过75～90分钟,开始出现火焰;将烟头扔进5～10厘米的刨花中,有75%的概率,经过60～100分钟,刨花即开始燃烧。而对化学危险物品来说,香烟明火会立即引起它们发生燃烧、爆炸。

香烟的自由燃烧速度与其位置也有关系。在无风的条件下,水平放置时,烧到香烟过滤嘴一端共需14～15分钟;垂直放置时,由下往上燃烧到过滤嘴需12～13分钟。风速对香烟燃烧也有影响。风速1.5米/秒时最容易燃烧,风速达3.0米/秒时则很容易熄灭。根据实验,香烟引起棉絮、木棉着火需3～7分钟,引起晴纶着火只需1分钟左右。由此可知,乱扔烟头酿成火灾并不奇怪。

那么吸烟在哪些情况下容易引起火灾呢?主要有以下几种:

(1)躺在床上吸烟。

(2)漫不经心,不管场合,随手乱丢烟头和火柴梗。

(3)在维修汽车和清洗机件时吸烟。

(4)叼着香烟寻物时烟灰掉落在可燃物上,引起火灾。

(5)不看场合地点,乱磕烟灰引起火灾。

(6)在匆忙时把未熄灭的烟头塞进衣服口袋,结果引燃衣服而起火。

(7)把点燃的香烟随手放在可燃物如书桌、箱子上,人离开时烟火未熄,结果引起火灾,或因烟头被风吹落,引着可燃物而引起火灾。

(8)使用打火机不当引起火灾。

(9)在严禁用火的地方吸烟而引起火灾和爆炸事故。

吸烟有害健康,并且容易引发火灾,大家应该远离香烟。如果有家人或朋友吸烟,应劝他们戒烟,并要督促他们不随便乱扔烟头,不在禁烟区吸烟,不在床上或沙发上吸烟,尤其不能在酒后或者极度疲劳的时候吸烟。酒后或极度疲劳的时候,常常烟还没吸完,人就睡着了,容易因烟头掉在衣服、被褥、沙发上,引起火灾。点燃的香烟不管有没有吸完,如果暂时不吸,就应该放在烟灰缸里,不能随便乱放,以免烟蒂遗落到可燃物上引起火灾。同时,还要劝告吸烟的人不能往楼下扔未熄灭的烟头,以免烟头落到楼下的可燃物上引起火灾;不能使用纸盒等容易燃烧的物品做烟灰缸,也不能将尚带火星的烟灰倒入废纸篓内。

学校宿舍防火小常识

案例

2008年4月22日下午15时55分,位于河南郑州大学路与航海路交叉口向南100米处,郑州航院南校区内学生宿舍三层发生火灾,郑州消防支队272中队立即出动三辆水罐车和一辆抢险救援车赶往现场进行扑救。现场学生宿舍三层其中一间宿舍着火,产生了大量的烟雾,宿舍内起火面积达十多平方米,由于宿舍内有大量的书籍、衣物与被褥,并迅速被引燃蔓延。引发火灾的原因是使用热水器烧水致使电线超负荷运转引燃一旁的书籍造成的。

宿舍内物品堆放杂乱,且多数都是易燃物品,如果不小心,非常容易引起火灾。因此,在平时,学生们应该有意识地预防宿舍火灾事故,主要可以从以下几点做起:

(1)不在宿舍内私拉乱接电线。因为电线、插头和插座多重连接,非常容易出现接触不良或者短路而产生火花,这时如遇到可燃物,就会发生火灾。

(2)不在宿舍内违反学校规定使用大功率电热器,比如电暖器、电磁炉、"热得快"等。这些电热器都是靠电阻值较大的材料发热来获得热量,耗电量比较高,如果使用的电线不配套,通电以后很容易导致电线过载发热而发生火灾。

(3)不乱扔没有熄灭的火柴、烟头和燃烧着的杂物等。宿舍里易燃物品一旦与火源接触,就会被引燃起火。

(4)使用完电热器之后一定要关掉电源或者拔掉插头。

（5）对于长时间使用的电线、电气设备，要及时进行安全检查和维护、维修。因为电线、电气设备长期使用容易因绝缘材料老化而漏电、短路，从而引起火灾。

（6）尽量不要在床上点蜡烛照明看书。因为床上的蚊帐、被褥等都非常容易被点燃，一不小心就会引起火灾。

（7）不要私自安装电路保险丝等。私自安装保险丝容易导致电路过载或者发生故障时保险丝不能熔断及时切断电源，从而导致电线发热引起火灾。

（8）夏季点蚊香时，要远离被褥。

夏天，同学们就喜欢用蚊香来驱蚊。其实，点燃的蚊香，其中心温度为700℃左右，和一根点燃的香烟差不多。在点燃蚊香时，如果遇到可燃物很容易引发火灾。因此，建议学生尽量不要用蚊香来驱蚊，可以选择蚊帐。如果一定需要用蚊香时，一定要注意以下事项，以免引起火灾造成严重后果。

①点燃蚊香时，切记不能靠近被褥、窗帘等可燃物，以免风吹或碰撞使点燃的蚊香碰上可燃物，从而引发火灾。

②点燃蚊香时，必须放在蚊香所专用的铁架上(蚊香内的配套架)。最好再将铁架放在瓷砖上或金属器具内，切忌将点燃的蚊香直接放在纸箱或木桌等可燃物上。

③夜间睡觉时点燃蚊香要注意，半夜醒来要观察一下。当离开房间时，一定要将蚊香熄灭。

实验室里的火灾隐患

学校实验室已经成为另一火灾高发地。具体来说,实验室中的火灾隐患主要表现在以下几个方面:

 **1. 安全防火规章制度不健全**

要达到实验室安全防火的目的,最重要的一条是从事实验室管理工作的人员必须严格按照安全防火规章制度、实验操作规程进行工作。如,在实验后要熄灭酒精灯时的方法一定要正确,不能用嘴吹灭,而是用灯冒盖灭。根据实验室的相关规定严格认真地执行。

 **2. 电气线路老化,配电不合理**

目前,实验室安全防火工作中普遍存在的隐患主要表现在:实验室的电气线路老化,严重超负荷,私拉乱接电线安置仪器设备,违规进行电气线路的设计,不对电力负荷进行计算、论证等。这类问题一般发生在一些建立较早或后来改建的实验室。这类实验室由于电源容量不足,电源线老化,加之仪器设设备日趋增多,用电量急剧增大而造成电路故障起火。轻则保险丝熔化断电,严重的话还会出现短路起火。

3. 易燃易爆危险品存放、使用不合理

实验用易燃易爆药品、气体的存放和使用是否合理，直接关系着国家财产和师生的生命安全，因此一定要倍加重视。在易燃易爆危险品的存放和管理方面，往往存在因仓库建设不合理或面积过小而导致分类存放和管理不合理现象，有的学校甚至将易燃易爆危险品放在教学楼内，将试剂库兼作实验室，殊不知，这种做法是极其危险的。

4. 实验室工作人员对安全防火的重视程度不够

实验室发生火灾事故的最危险因素是实验室的工作人员思想麻痹大意。特别是学校中需要 24 小时昼夜工作的实验室（如微机实验室），这时工作人员应在思想上高度重视安全防火，一丝不苟的精神在这时显得尤为重要。

要想最大限度地避免实验室火灾的发生，当务之急是提高相关人员的防火意识，丰富其预防火灾的知识。除此之外，以下方面也需要加以关注：

（1）实验室内使用电炉必须确定位置，定点使用，周围不能有任何易燃物。

（2）通风管道的保温层应使用非燃烧体或难燃烧体材料。

（3）实验室内使用的易燃易爆化学危险物品，应随用随领，不宜在实验现场存放；零星备用的化学危险物品，应由专人负责，存放在铁柜中。

（4）使用电烙铁要放在不燃支架上，周围不要堆放可燃物，用好立即拔下烙铁插头。下课时，实验室的电源一定不要忘记切断。

（5）有变压器、电感线圈的设备必须设置在不燃的基座上，其散热孔不应覆盖或放置易燃物。

（6）实验室内的用电量不应超过额定负荷。

如果同学们在实验室不幸遭遇了火灾，首先要做的就是想方设法逃离现场。之所以这样说是因为实验室中各种物质比较复杂，火情可能迅速蔓延，严重的话还会导致爆炸事故的发生。在逃离现场后，要立即拨打 119 火警电话，告知着火地点、起火原因、起火材料等。这样才能保证在自身安全的情况下，及时扑灭火灾。

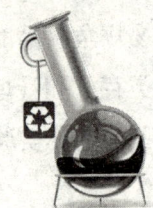

实验室如何防火

有效的预防措施及良好的安全意识能将实验室火灾和爆炸的发生几率降到最低。具体该如何预防呢？

（1）严禁在开口容器或密闭体系中用明火加热有机溶剂；当用明火加热易燃有机溶剂时，必须有蒸汽冷凝装置或合适的尾气排放装置。

（2）严禁将废溶剂倒入污物缸；量少时可用水冲入下水道，量大时应倒入回收瓶内集中处理。

（3）不得乱丢燃着的或阴燃的火柴梗，应先放在表面皿中，实验结束后一并投入废物缸。

（4）不私自携带打火机、火柴等火源进入实验室。

（5）不得在烘箱内存放、干燥或烘焙有机物。

（6）使用高压容器时，要严格检查，防止气体或液体泄漏；高压容器严禁暴晒，并远离热源；容器充装不宜过满，必须专瓶专用，并设置明显的识别标志。

（7）取出的试剂药品不得随便倒回储备瓶中，也不能随手倾入污物缸，应征求教师意见后再加以处理。

（8）在做高压或减压实验时，应使用防护屏或戴防护面罩。

（9）严禁气体钢瓶在地上滚动，不得撞击钢瓶表头，更不得随意调换表头。搬运钢瓶时应使用钢瓶车。

（10）在使用和制备易燃、易爆气体时（如氢气、乙炔等），必须在通风橱内进行，且不得在其附近点火。

（11）煤气灯用完后或中途煤气供应中断时，应立即关闭煤气龙头；若遇煤气泄漏，必须停止实验，立即报告教师检修。

（12）实验室发生火灾后，要迅速将易燃易爆物品转移到安全区域，撤离时应用湿毛巾捂住鼻子，以防吸入毒气。在使用电炉或其他明火时，一定要远离可燃物和易燃易爆物品。停用或停电后一定要及时切断电源。

如何救护窒息者

在火灾中经常会出现很多窒息者,那么我们该如何对窒息者做简单的救护呢?

1. 判断心肺复苏术是否必要

发现身边有人突然昏厥时,并不一定立即就要采取心肺复苏术,而是要在最短的时间内,判断能否对其使用心肺复苏术。首先,你可以轻拍对方肩部,并高声呼喊叫醒对方。当对方对你的呼喊完全没有反应时,可感受一下对方的呼吸,"看"对方的胸腔是否有起伏,"听"对方是否有呼吸声,"感觉"对方鼻腔是否有气流呼出;之后再简单测试一下对方还有无脉搏以及有无心跳。这一切"检测"的时间最好不要超过10秒钟,如果确定对方无呼吸、无脉搏和心跳,那就可以进行心肺复苏术了。

2. 常用开放气道方法

在实施心肺复苏术的过程中,被救人员的气道应该时刻处于开放状态。常用的开放气道的方法如下:

(1)压额提颏法。运用此法的前提是,患者无颈椎问题。站立或跪在患者身边,用一只手的手掌外侧放在患者前额部向下压迫,另一只手的食指、中指并拢放在下颌骨位置向上提,使头部后仰,颏部及下颌上抬即可。

(2)双手拉颌法。如果怀疑对方有轻微颈椎损伤,此法可以缓解对颈椎的重度伤害。站立或跪在患者头顶端,两手分别放在其头部两侧,肘关节支撑在患者仰躺的平面上,分别用两手食指、中指固定住患者两侧的下颌角,用手掌外侧拉起两侧下颌角,使头部后仰即可。

(3)压额托颌法。站立或跪在患者身体一侧,用一只手的手掌外侧放在患者前额向下压迫,另一只手的拇指与食指、中指分别放在两侧下颌角处向上托起,使头部后仰即可。

3. 胸外心脏按压的方法

在进行胸外心脏按压时,最好将患者的脚下垫高,以保证按压时两臂伸直、下压力量垂直。按压的部位原则上是胸骨的下半部。按压时,可两肩正对患者胸骨上方,两臂伸直,双手手指交叉,利用上半身的力量垂直按压胸骨。一般按压的深度在 4~5 厘米,约为胸廓深度的 1/3,以可接触到颈动脉搏动为最理想效果。按压的频率不宜过快,一般在 100 次/分钟,但最好不要低于这个频率。如果有准确的计时工具最好,如果没有也没关系,根据自己的心跳速度调整频率即可。

4. 人工呼吸法的注意事项

人工呼吸是常用的救生方法,如果伤者已无呼吸则应开始进行。进行人工呼吸时,伤者应为仰卧位,施救者应用放于伤者额头上的手的拇指与食指捏住伤者的鼻孔,然后深吸一口气,做口对口吹气,吹气以每 5 秒钟一次的速度为宜。吹气后,马上观察伤者胸部有无起伏或伤者有无呼吸,然后再次吹气。

此时应注意,无论成年人还是儿童,吹气量均以伤者胸部微微鼓起为准。如果吹气无效,则应检查伤者口中是否有异物,如有异物则应除去。如看不见异物,则再一次在保证呼吸道畅通的状态下吹气,吹气无法顺利进入伤者体内时,需再次排除异物。

5. 胸外心脏按压的注意事项

在进行按压的时候,要确保按压的位置准确。即使不是最精确,也不能有大的偏差,否则不但不能保证按压的效果,还可能引起心肺脏器的损伤。按压要有规律,不可忽快忽慢、忽轻忽重,以免影响心脏排血量。下压与放松的时间最好相等,使心脏能够充分回血和充盈。人工呼吸与心脏按压最好交替进行,可由一人实施,也可两人同时实施。一人实施时,在确保呼吸道畅通的状态下,每做两次人工呼吸,即做 15 次心脏按压;两人实施时,最初先吹两口气,然后每做五次心脏按压,即做一次人工呼吸,循环 4~5 次检查一次生命体征,一直做到呼吸和脉搏完全恢复或者救护的医生到来为止。

学校用电安全事故原因

随着教育事业的发展和教育现代化程度的提高，学校的教学、科研、实习和实验及学生的生活各个方面越来越离不开电。由于学校人员密集，学生安全意识淡薄，普遍缺乏安全知识，行为缺乏理性，导致用电安全事故时有发生。因此，加强安全用电的管理和教育显得尤为重要。

学校用电安全事故引发的原因一般有两点：

1. 学生个人原因

（1）在高压线下放风筝，往楼下乱扔东西，杂物挂在电线上；有的同学在电线上晒衣服，引起电网故障。

（2）在宿舍里私拉乱接电源，购买和使用劣质电器，违规使用大功率电器，甚至人离开也不关闭电源，遇到突然停电时也一走了之，再来电时无人监控，极易引发火灾事故。

（3）用湿手接触电器，拔插头时强拉硬扯，极易造成插头内部短路。

（4）任意拆修电气设备，检修和移动电气设备前未切断电源，更有甚者，违规带电操作、带电维修。

（5）一个插线板上使用多个电器，超出插线板的额定功率。有的同学甚至随意加大保险丝，用铜线或铁丝代替保险丝。

（6）清洁保养电器时未关闭电源，用湿布擦设备。有的同学误拾落地电线，同伴用手去拉触电者，造成群死或群伤。

2. 学校管理方面原因

（1）电路检修不及时，配电柜、开关箱长期不关闭、不上锁；闸刀、开关、插座、保险丝盒等外壳破损，导线裸露未及时更换。

（2）广播线、网络线、电话线和电源线混在一起或距离太近，接地线、避雷线年久失修。

（3）用电未事先申请，随意安装空调等大功率电器，造成电路严重超负荷。

（4）学校礼堂、视听教室等场所灯具选用不恰当，装饰材料不阻燃，灯具极易烤燃幕布、吊顶而引发火灾。

（5）基建施工和后勤维修乱接临时用电，电缆线露天布放，或在变压器、电杆旁挖土，损坏供电设备。

照明灯具也会引起火灾

我们平时在学校中照明所用的灯具，一般有白炽灯和日光灯两种。白炽灯就是我们通常见到的灯泡，它主要是靠通电使灯泡中的金属丝发热，进而发光。因此"灯"如其名，白炽灯在发光时是炽热的，它是一种热光源。相反，日光灯则是一种冷光源，我们平日里见到的灯管一般都属于日光灯。它的结构比较复杂，在启动时需要依靠镇流器产生高压，激发灯管汞蒸汽放电。灯具给我们的生活带来便利，但如使用不当，会引起火灾。

1. 白炽灯

白炽灯引发火灾主要有四个原因：

（1）白炽灯泡表面温度很高，能够烤燃附近的可燃物，而且开灯时间越长，灯泡表面的温度越高，越容易引发火灾。

（2）供电电压过高，灯泡功率过大，而电线负载能力小，加上绝缘老化，导线过热，短路引起火灾。

（3）供电电压过高，灯丝发热量过大，从而引起灯泡内部的惰性气体剧烈膨胀，导致灯泡爆炸，将温度很高的灯丝、玻璃片等落到可燃物上，引起火灾。

（4）灯头接触不良，引起发热、打火，或者在灯头与玻璃连接松动时拧动灯头，发生短路，引起火灾。

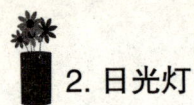 2. 日光灯

日光灯又称荧光灯，它的发光原理跟白炽灯不同，是靠自感电压击穿日光灯的水银蒸汽，使水银蒸汽电离导电产生紫外线而激发萤光粉发光。因此，日光灯的灯光又被称为"冷光"。因为日光灯管在使用时温度不会有明显升高，所以很多人认为日光灯是安全的灯具，不会引起火灾。

其实，这种想法是错误的。日光灯跟白炽灯一样，也会引起火灾。其引起火灾的原因主要有四个：

（1）镇流器的质量比较差。有些镇流器在出厂时没有经过严格检验或者自己绕制镇流器，粗制滥造，质量差。比如绝缘能力较低、线径过小、铁芯面积不够大、空间间隙太大、线圈匝数太少等。这些都会导致镇流器发热并产生高温，从而损坏绝缘，导致沥青熔化并从盒内溢出，形成短路而起火。

（2）镇流器选择安装不当。比如镇流器的各接点接触不牢、镇流器与日光灯管的功率不匹配、镇流器紧贴天花板等易燃材料安装且通风散热条件差。这样，镇流器的热量无法散出，就会大量聚热，形成高温，烤燃附近的可燃物，引起火灾。

（3）使用不当。如果日光灯的供电电压太高，会导致镇流器产生高温，而日光灯连续使用时间过长或者开、关过于频繁等，也会导致镇流器产生高温，从而引起火灾。

（4）维护保养不良。如果日光灯的镇流器上堆积过多可燃烧的木屑、粉尘等，当镇流器产生高温时就容易将其烤焦而起火；如果镇流器进水或者受潮，导致线圈绝缘能力下降，会因短路而起火。

如何预防照明灯发生火灾

学校日常使用较多的照明灯具是白炽灯、荧光灯、高压汞灯和卤钨灯，应对其发生火灾的危险性有足够的重视。

1. 照明系统电气火灾的预防

（1）正确选用灯具类型

教室、宿舍宜使用日光灯，礼堂、多媒体教室需要使用装饰灯具时，尽量选用热效应较小的节能灯具，户外照明可采用封闭式灯具和有防火灯座的灯具。

（2）正确安装照明、装饰灯具

灯具与可燃物之间距离不能小于50厘米，距地面应不小于2米。灯具的防护罩必须完好，不得用纸、布等可燃物遮挡灯具。可燃吊顶上安装灯具应以荧光灯为主，暗装灯需要考虑散热问题，舞台上专用灯具的导线应穿钢管加以防护，卤钨灯附近的导线应加耐热绝缘护套。

要选用质量可靠的低温镇流器，且不得直接固定在可燃物体上。

（3）教学楼、宿舍楼、礼堂等建筑必须安装事故应急照明灯具，并确保含有独立的电池供电

 2. 漏电、过载和短路引发电气火灾

（1）漏电

是指线路的某一处因碰压、磨损、老化等原因使绝缘功能下降，导致电线与电线之间或电线与大地、电线与机壳之间有电流通过。

漏电电流流入大地过程中，当某一处电阻较大时（如钢筋的接头处），会产生高温，引燃附近可燃物引发电气火灾。

防止漏电的最好办法是安装漏电保护器。此外，要尽可能多地使用电线套管，减少电线损伤，及时维修更新电路。

（2）过载

是指电线中实际工作电流超过了电线的安全载流量。一旦过载，电线会急剧升温，很容易引起线路燃烧。

发生过载的原因很多，主要原因是电线太细。我们日常使用的多用插座连线，有的也较细，多个用电器使用一个多用插座时，极易发生过载现象。

防止过载的办法：

①要选用适当的电线，保持一定的安全性。

②要安装熔断器或自动开关，当发生过载电流较大时，熔断器或自动开关会自动切断电源。

③按规范操作使用，控制工作电流，预防过载现象的发生。

（3）短路

是指电路由于某种原因，电流忽然增大的现象。电线与电线之间，线路与大地之间都会产生短路现象。发生短路故障时，电流突然增大，瞬间产生大量热量，会引发燃烧。

造成短路故障的原因，主要是线路老化，绝缘破坏引起。学校中若有人违反安全用电规定，私拉乱接电源也极易发生短路故障。

防止短路故障，主要应强化用电管理，及时维修电器设备，不要私拉乱接电源。另外，线路中要安装合适的安全保护装置，常用的是自动开关或熔断器。

（4）乱接电线和使用电热器具的危害

学校的供电线路、供电设备都是按照实际使用情况设计的，对于一些早些年

前建成的建筑物，线路的供电能力都较小。

通常学校规定是不允许学生使用大功率电热器具的，但有些学生为了自己方便，擅自违规使用。有的学生在宿舍里私接电源，从开关处、灯头上直接接线，在宿舍里违规使用电炉、电热杯、热得快、电饭锅、电水壶、电吹风、电熨斗等，更有甚者，将电线藏在床铺下边，以逃避学校检查。这些做法极易造成线路过载、短路或漏电而引发电气火灾。

电热器具一般具有功率大、温度高的特点。如果在使用后忘记切断电源，使用中突然停电忘记拔掉插头，来电后又无人看管，开关和插头接触不良，以及在床下使用，靠被褥太近等，都极容易发生电气火灾事故，加之有些人往往是偷偷摸摸地使用，更具危险性。

 3. 静电的防护

学生在实习实验过程中，进行挤压、切割、搅拌、感应、摩擦等作业时都会产生危险的静电。静电强弱与空气湿度有关，空气湿度小，静电电压大。

由于静电电压很高，又很容易因静电放电而产生静电火花。所以，在实习实验中要十分注意防止静电放电打火引发电气火灾，甚至爆炸事故。

静电防护一般采用静电接地，增加空气湿度，工艺上采用导电性能好的材料，降低摩擦等方法来消除或减少静电产生。电子实验中，还通过穿着防静电工作服、使用防静电工作台等方法来减小静电的影响。

 4. 电气火灾的扑救

一旦发生电气火灾，首先要切断总电源，选用干粉灭火器来扑救。火势较大时，应及时拨打119火警电话报警。

由于水的导电性，电气火灾在切断电源之前，切记不能用水来救火。

预防触电事故的发生

随着社会的发展,学校的设施越来越完善,但是由于管理不善等原因常导致学生触电事故的发生,那么该如何预防呢?

 **1. 技术方面的预防措施**

技术措施从技术上,可以通过绝缘、屏护和保持间距,采用接地和接零,安装漏电保护装置,尽量采用安全电压等措施来预防触电事故的发生。

绝缘,是指为了防止人体触电,用塑料、橡胶、瓷、云母等绝缘物把带电体封闭起来。

屏护,是指采用遮拦、护盖箱等将带电体保护起来,保持带电体与外界一定的安全距离,从而达到预防触电的目的。

接地,是指将电气设备正常时不带电的部分与大地相连接。如电机、变压器、开关设备和照明灯具的金属外壳都应该接地。

接零,是指将电气设备中正常情况下不带电的金属部分与电网的零线相连接。还应注意的是,零线回路中不允许装设熔断器和开关。

按照规定,为便于识别、防止误操作,确保安全,应采用不同颜色来区别设备特征。如电气母线,A相为黄色,B相为绿色,C相为红色,明敷的接地线涂为黑色。在二次系统中,交流电压回路用黄色,交流电流回路用绿色,信号和警告回路用白色。

为了保证在设备或电路出现故障时人身和设备的安全，线路中往往要安装漏电电流作保护器，它可以在设备漏电或线路故障发生时，自动切断电源，起到保护的作用。

各种容易发生触电事故的场所，往往通过降低工作电压(36伏以下）的方法来保证用电安全。有些机械设备的照明线路因为要经常移动，极易损坏，也常采用低压照明。

开关应装在相线上。如果装在零线上，当开关关闭时，用电器上实际仍带电，修理时极易发生触电事故。

2. 行为习惯方面的预防措施

触电事故往往是由于人们不安全的行为造成的，通过加强教育和规范操作，完全可以大大减少事故的发生。

（1）严禁违章用电，严禁私接电源，不要强拉硬扯电线。发现电路或设备有故障，要请专业人员维修，不要擅自拆装和修理。

（2）把好产品质量关，购买电器用具(插头、插座、开关、多用插座、充电器等）要选正规厂家的优质产品，不要图便宜购买"三无"（无质量合格证、无生产日期、无生产厂名和厂址）产品。

（3）养成好的习惯。做到人走断电，电网突然停电时也要立即关闭电源开关。维护检查、移动设备时都要先切断电源。

（4）不要用湿手接触电器的开关和插座，不要用湿布清洁照明灯具和设备，设备清洁保养时先要切断电源。操作电器设备最好单手，触摸设备先用手背试一试是否漏电。

（5）若发现电线断线落地，不要靠近，应就近报告电力部门处理。不要出于好奇随便开启开关箱和配电柜。

（6）一个多用插座上，不要插过多的电器，尤其是不要大、小功率电器混用一个多用插座。按照电路实际电流强度选用合适的保险丝，严禁用铜线或铁丝代替。

人触电后有哪些症状

案例

2013年8月18日，安徽省某小学五年级的王某和其他几位同学放学后在教室做值日。王某平时就活泼调皮，喜欢和同学打闹，这次做值日时又和同学在教室追逐打闹，甚至在兴奋时还爬到桌子上。正在玩得开心时，王某手中的扫把将教室的灯管打碎了。此时闯了祸的王某十分害怕被老师知道后受到批评，于是便自己买了新的灯管，打算将灯管换上。由于线路老化漏电，王某在更换灯管时不小心触电，值得庆幸的是当时有同学在，并在最短时间内叫来了校医务室的医生，又拨打了急救电话。经过一番紧急抢救，王某只是右臂烧伤，并没有生命危险。

电流通过人体所致的损伤通常称之为电击伤，又叫触电。触电伤害是人体在操作、使用电器设备时接触电流或接近高压电被击中所引起的伤害。大多数是因人体直接接触电源所致，也有被数千伏以上的高压电或雷电击伤的。人在不同的情况下触电，其触电后的症状也是不尽相同的。

触电事故一般分为电流伤害事故、电磁伤害事故、雷击事故、静电事故和电器设备事故等。当人体被电击后会形成三种伤害：其一是身体中电子流动的热作用，其二是电子的流动会破坏细胞的化学分子结构而形成化学性伤害，其三是由于电子流动形成的磁场对细胞分子产生机械振荡式损伤。除此之外，还有人体与其他物体撞击等伤害。

一般情况之下，人体的电阻在1千欧姆左右，行业规定交流安全电压的上限为42伏特，直流的电压上限为72伏特，触电后的损伤与电压、电流以及导体接触体表的情况有关。如果电压高、电流强、电阻小但体表潮湿时，则电流会引起大脑的高度抑制、心肌的抑制、心室纤维性颤动而致死；如果电流仅从一侧肢体或体表导入地，或体表干燥、电阻大，可能引起烧伤但一般不会致死。

在日常生活中，触电现象是比较常见的事故，情况严重的话还会对人体生命带来严重的威胁。在触电之后，人体往往表现出以下症状：

（1）如果电流小、电压低、接触时间短，触电者会出现头晕、心悸、恶心、乏力等症状。

（2）若电流强、电压高、接触时间长，就可能造成假死现象，也就是触电者失去知觉、面色苍白、瞳孔放大、脉搏和呼吸停止，或出现昏迷、强直性肌肉收缩、心律失常、全身发绀等现象。在这种情况下如果不能及时抢救，非常容易导致伤者死亡。

（3）如果身体局部出现了触电，因为高热和电火花的作用，可出现局部电灼伤，不同程度的烧伤、出血、焦黑等现象。与其他正常的身体部分相比，烧伤区有两个以上的创面：一个为进口，一个为出口。创面一般较小，但较深，呈黄褐色焦痂，接触高压电时最明显。重者创面深及皮下组织、肌腱、肌肉和神经，甚至深达骨骼，呈炭化状态，或全身功能障碍，如休克、呼吸和心跳停止。

尤为值得注意的是，上面提到的很多症状在刚刚触电的时候或许表现得不是很明显，但是过一段时间之后情况往往可能会加重，所以在触电之后一定要随时保持观察，千万不能麻痹大意。

第五章 对校园侵害说"不"
——校园伤害

TIAN DUN AN FANG

校园伤害造成了大量儿童的永久性残疾和早亡,花费巨大的医疗费用,进而削弱国民生产力,不仅给孩子及家庭带来痛苦和不幸,而且给社会、政府及学校造成巨大的负担和损失。据统计,近年来,因学生伤亡事故造成学校赔偿经济损失的趋势逐渐上升,这值得每一个人深思。

引例

2010年3月23日7点24分，南平实验小学门口发生一起重大凶杀案，当场死亡3人，送医院救治10人，抢救无效后又死亡5人。嫌犯郑民生当场被抓。

2010年4月28日15时，雷州市纪家镇人陈康炳混入广东省湛江雷州雷城第一小学，持刀砍伤15名学生和1名为保护学生而与歹徒搏斗的老师。

通过上述案例，我们可以看出，近年来，校园伤害事件愈演愈烈，居高不下，后果之严重，影响之大，令人震惊，这已成为我国乃至世界一个普遍存在的问题。

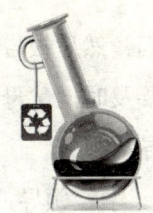
校园暴力及其原因

案例

> 2011年4月,陕西省横山县某小学生,在宿舍内遭多人围殴,精神受到了刺激,引发了精神分裂症。
>
> 2007年5月,山东省郯城县某小学生,遭受同学勒索,如果不给钱的话,同学就会对他拳打脚踢,并先后多次用烟头将其面部及手部烧伤,造成这名小学生面部、手部受伤。

所谓校园暴力,主要指发生在校园,师生之间、学生之间及社会与学校之间所造成的学生生理和心理伤害,包括肢体暴行、语言伤害、被强迫做违背意愿的事、被故意陷害等,达到某种严重程度的侵害行为。校园暴力案件在全国都十分普遍。中国青少年犯罪研究会的一份统计资料表明:近年来,中小学生犯罪总数已经占到了全国刑事犯罪总数的70%以上,其中中学生犯罪案件又占到了整个中小学生犯罪案件总数的70%以上。校园暴力案件不断发生,已经使校园安全成为严重的教育问题和社会问题。

对施暴者来说,这类学生的自控能力不强,容易冲动,如果其自尊心过强,身强力壮,就可能打架斗殴。出现这种情况时,简单的批评和惩罚,其作用是不大的,而且不恰当的惩罚还会把学生推向犯罪的深渊。应当教育他们承担责任,同时,也可在教育心理专家的帮助下,纠正其不良习惯和错误认识,培养更好的行为模式,加强家庭教育和法制教育。

对受害者来说,他们往往是相对处于弱势的个体,大都身体弱小、胆小怕事。在遇到校园暴力时,要教育他们大可不必惊慌失措,一定要沉着冷静,用心处理,减少损失。自救避险的科学知识和法律知识就是保护自己安全的最有力的盾牌。

（1）尽量避免正面冲突，以减少肉体伤害；

（2）如果对方过于强大，可以先把钱物给他们，然后报告老师、家长；

（3）如面对高年级同学或校外人员的侵害，要及时向父母和老师汇报；

（4）对于老师的侵害要及时向父母和学校领导汇报；

（5）对于学校管理人员的侵害要及时向父母、学校领导或者教育行政主管部门汇报；

（6）对于严重的侵害行为可以向公安机关报案或者向人民法院起诉。

那么，引起校园暴力的原因有哪些呢？

（1）中小学生本身弱小、防范能力差。近期发生的几起校园案件都是发生在中小学校园，受害人也都是中小学生。原因很简单，中小学生本身在体力、防范能力方面比较差，属于弱势群体，如果换作其他地方，比如公安院校、军事院校和体育院校，极少发生类似的事件。一方面是因为上述院校有其自身的特殊性，管理比较严格，出入制度执行得比较好；另一方面，上述院校的学生大多已成年，已经具有了足够的抵抗能力，而中小学生在身体上与成年人相比处于劣势地位，这一缺陷使他们成为暴力行为的首选目标。

（2）校园周边环境混乱。公安、工商等机关对于校园周边环境治理措施不到位就成为引发校园暴力的主要原因之一。在学校周边，分布着众多的小商店、网吧、游戏厅等娱乐场所。在这些场所中出入的不仅仅有中小学生，而且还有一部分社会流浪人员。其中一大部分是辍学的中小学生，他们整天游荡在这些地方，无事生非、打架斗殴。他们的存在，对学校的中小学生来说，无疑是一个很大的安全隐患。根据相关调查数据显示，校园暴力的一个主要实施者就是校外人员，所以，如何加强对校外人员的管控就是一个亟须解决的问题。

（3）社会暴力文化引发了更多的校园暴力行为。电视、网络、游戏等媒介中传播的暴力信息大量充斥在我们的生活当中，由于中小学生的认知能力还不健全，对事物的判别能力不高，所以，他们很容易模仿上述情境中的行为并运用到日常生活中去。这些暴力信息的泛滥显然成为引发校园暴力的一个主要原因。中小学生成为了这些暴力信息影响下的双重受害者，一方面他们会模仿看到的暴力手段；另一方面，他们也会成为其他人施暴的对象。

校园暴力危害多

案例

四川乐山市某校学生海强在一家黑网吧里被某小学四名六年级小学生用拳脚活活打死。据海强的堂弟说，他是眼睁睁看着哥哥被打死的！他说："当天下午5点多，我和哥哥去网吧玩，进门就看见小东、小明等四人从网吧出来，哥哥见势不妙，就叫我用自行车搭他回家，小东等人冲上来将哥哥按在沙发上乱打。大约四五分钟后，我哥挣扎着站起来，又被小东一个耳光打在太阳穴上，他倒在地上就死了。"他还说："我哥哥前两天在放学回家的路上，在自行车上吐口水飘到小明身上，哪知小明约了'结拜兄弟'来打我的哥哥！"

无独有偶，有一个遭受校园暴力的女孩子曾写下过这样一段文字：

"一年来，我一直做着一个醒不来的噩梦。在梦中，我又回到了那间写满屈辱的女厕所，被她们踢打、辱骂，我的衣服被人用拖把挑起来，光着身子的我蜷缩着，却又尽力伸长胳膊想去抓衣服……她们骂我、打我、踹我，脱光了我的衣服，让我做出种种让人不敢回想的动作。我知道这种事情不少，可是万万没想到会发生在我身上。我一直洁身自好，成绩中上，尊敬师长，对于班里'谁喜欢谁'这类八卦都不参与议论，怎么也没想到……

"于是，我以死相逼让爸妈为我转了学，成绩一落千丈。我留着长长的头发，无论多热，都穿着宽大的校服，永远把自己藏在壳里，不和任何人说话。老师厌恶我，爸妈也不知道为什么我会这样，每天除了唉声叹气就是骂我。我又能和他们说什么呢？难道跟他们讲我的遭遇？我的脸皮还没厚到那种程度。"

通过上述案例，我们可以看出校园暴力对中小学生的危害是巨大的。那么，校园暴力对中小学生的危害到底有哪些呢？

 **1. 导致中小学生产生暴力意识**

对于那些实施暴力的中小学生来说，暴力行为的实施，可以轻易地使他们得到想要的东西或者达到某种目的，他们会产生一种错误的想法，即暴力可以解决一切问题。在以后的日常生活中，他们可能会更加猖獗地使用暴力。对那些遭受暴力侵害的中小学生来说，也会导致他们产生一种不良的想法，即既然别人可以使用暴力欺负我，我也可以使用暴力去欺负别人，于是，恶性循环就形成了。这种意识又导致在他们有了力量以后再去侵害比他们弱小的人，甚至成年以后还会实施更为严重的暴力犯罪行为。

北京市未成年人保护委员会等单位的调查表明：在经常遭受校园暴力的学生中，有27.9％的人认为最好把所有的法律都废除；有58.4％的人认为为达目的可以不惜代价；有45.9％的人同意"有时我想借故和别人打架"；有44.3％的人同意"我脑中常常出现一些坏的、可怕的字眼，无法摆脱它们"。由此可见，校园暴力的危害是双方面的，不仅仅毒害了暴力实施者，也毒害了暴力的受害者。

 **2. 对受害中小学生的身心造成了严重伤害**

由于受到暴力侵害，有的学生身体受伤要住院治疗；有的学生精神失常；有的学生性格发生变化，沉默寡言、孤僻古怪；有的学生因为无法承受压力而自杀；等等。这种伤害对于中小学生的影响是终生的。

 **3. 严重影响了中小学生的正常学习**

经常受到校园暴力侵害的学生整日生活在暴力的阴影当中，学习成绩一般都会严重下降。甚至有些学生由于受到严重伤害不得不住院治疗或者休学，正常的学习被迫中断。而对于老师实施的暴力侵害行为，一般都会导致受到伤害的学生畏惧学校，产生抵触心理。

向校园暴力说"不"

案例

广西桂林某小学六年级学生松松常去学校对面街上的饮料店买饮料，可自从一次遭到勒索后就再也没有去过。

当天，松松买完东西付款之后，突然被排在他后面的两个高年级男生推到门外，然后被拉到一个偏僻的小胡同里。松松害怕极了，小声地问："你们要干吗？"那两个男生严肃地说："把你的钱都交出来！"边说还边按着松松，把他挤在墙角，让他动弹不得。松松只好把钱包递给他们，钱包里总共有50元钱。事后，虽然松松将此事告诉了老师和父母，但因为无法得知那两个男生的班级和姓名，再加上由于害怕，松松对他们的相貌也没记清楚，至今未能找到他们。

近些年，校园暴力越演越烈，不少中小学生都遭受过来自他人的欺辱、殴打，甚至有的学生也加入了施暴者的队伍，让人感到震惊的同时，也让社会、学校和家庭更加关注中小学生的身心健康。

1. 向校园暴力说"不"

频频发生的校园暴力事件打破了校园原本该有的宁静与和谐。为了净化校园环境，为了让大家安全、快乐地在这片净土里成长，我们我们要坚决向校园暴力说"不"!

(1)不崇拜暴力行为,不参与校园暴力,树立正确的是非观、价值观。不充当校园暴力的帮凶。

(2)培养自己随和的性格,注重心理的健康发展。保持积极、乐观的心态,学会和同学和平相处,善于和他人沟通,解决各种困难和问题。

(3)加强自身法律观念。中小学生要学法、懂法、守法,要用法律作行为规范的准则,也要学会用法律保护自己。

2. 保护自己,关注他人

校园暴力的发生一般有两个原因:一是同学间由口舌、肢体碰撞引起的矛盾;二是为了达到某种目的,满足心理平衡而引起的争端、摩擦。预防矛盾、争执和摩擦应做好以下三点:

(1)与同学友好相处。有的同学和别人发生矛盾时,认为如果自己忍让很没面子,吃了亏,致使矛盾恶化、升级。同学之间生活、学习在一起,对待同学要宽容,而不应拳脚相加,恶言恶语。

(2)避免自己成为施暴者的对象。有些人施暴是冲着财物来的,同学们应注意身上不要携带太多现金和贵重物品,出入学校要结伴而行。

(3)遇到校园暴力要报告。为了保障自身的人身安全,避免自己受到暴力和报复,可以匿名向学校报告。预防暴力,需要每个人的参与。

3. 遭受校园暴力时应该怎么办

(1)面对暴力,临危不乱

如果无法避免暴力的发生,那么,在暴力发生的时候,一定要想办法应对。保持镇静的头脑,克服心里的恐惧,机智地解决问题以保护自己。

(2)如果被殴打、施暴,该怎么办

一是找机会逃跑;二是可以大声呼救;三是缓和气氛,先服软,保证自己的安全是第一。如果以上方法都不可行,自己无法还击,要双手护头,尤其是后脑和太阳穴。

在人身安全和财产都受到威胁时，应以人身安全为重，舍弃财产，以免受到更严重的伤害。

（3）及时报告，以法维权

我们不能预见校园暴力的发生，这让很多同学都产生了恐惧和焦虑。一些同学遭受到暴力却不敢把事情告诉家长和老师，更不敢报警，甚至在施暴者被抓到后也不敢出面作证，成为"沉默的羔羊"。忍气吞声的结果往往会导致新的暴力事件的发生。

所以在自己或发现他人遭受暴力时，一定要在第一时间向家长和老师汇报，或向警察求助，用法律维护自己的权益。

坏孩子欺负我怎么办

近年来，在很多校园内都出现了恃强凌弱的不良的社会风气，一些学生仗着自己家境好或者是身体强壮等优势，常常欺负一些比较软弱的同学。那么，中小学生在学校被同学欺负时该怎么办呢？

1. 勇敢面对现实，不怯懦、不胆颤

俗话说"柿子专挑软的捏"，孩子们遇事通常容易胆怯、害怕，继而丧失反抗能力，但如果我们先做到自己不"软"，坏孩子们也就不敢随便欺负我们。

坏孩子在欺负人时，往往以为对方都是"软柿子"。在受到坏孩子欺负时，孩子们的本能反应可能就是破财免灾，息事宁人，以为满足了他们的要求就可以过安宁的日子。而实际上，他们欲壑难填，欺软怕硬。你越胆小，越退让，他就越欺负你。一旦我们能够做到不怯懦，不胆颤，勇敢地面对现实，甚至能够以弱对强，在气势上压倒他们，让他们也尝尝我们的"厉害"，他们就可能甘拜下风，以后也自然会少给我们惹麻烦。

2. 惹不起，躲得起

坏孩子通常成群结伙地对中学生进行敲诈、勒索，在我们势单力薄或对方持有凶器的情况下，我们也许只能像古代韩信那样，暂时受"胯下之辱"，交出身上的零花钱。但这并不意味着完全"束手待毙",而应设法周旋、拖延,尽量给自己创造机会。

你可以尽量朝人多的地方跑,也可以迅速冲进附近单位的大门,哪怕里面没有你认识的人,你也可以向里面的叔叔阿姨求救。特别要记住,不管在什么情况下,你都不能跟对方走,不要被对方挟持,否则,悲剧就可能在你身上发生。

尤其要注意的是,如果你在某条路上遭到过拦劫、殴打,以后尽量绕道而行,不要再走这条路。干坏事的坏孩子常常有自己的"地盘"、"地界",那些地方你离得越远越好。

 **3. 及时告诉自己的家长或老师**

在外面受到坏孩子欺负,一定要及时告诉自己的家长或老师。家长和老师肩负着确保孩子们健康、安全成长的重任,他们社会经验丰富,有智慧,有力量,能够帮助你清楚地分析事态,找出对策,想方设法地为你妥善解决这些棘手的问题。

 **4. 设法告诉对方家长或老师**

如果清楚欺负你的坏孩子们的情况,你应当设法告知他们的家长或老师,因为对方的家长和老师有责任管教他们。在一般情况下,大人们同样不能允许自己的孩子或自己的学生去欺负别的孩子,不能容忍他们到外面去干坏事,他们在获知事情的真相后,会千方百计制止孩子(学生)的这类不良行为。

 **5. 同学之间要互相帮助,互相保护**

同学们生活在集体之中,应该养成团结一致、互助友爱的精神,平时要注意沟通、交流,多参加集体活动。在遭到坏孩子欺负时,同班、同年级或同一所学校的同学要想方设法互相帮助,互相保护,在他人受到侵害时不要袖手旁观。

6. 迅速向 110 或附近派出所报警

如果看到同学受坏孩子或社会不良青年欺负，应该设法迅速向 110 或附近派出所报警。如果一时找不到电话，也可就近向大人求援。你帮助别的同学解除危难的同时，也为自身的安全扫除障碍，从这个意义上说，救助他人，保护他人，也就是救助自己，保护自己。

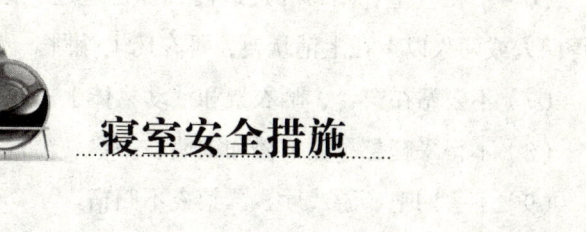

寝室安全措施

案例

张某生前系江西省修水县某中学初三学生,2002年年初新学期开学时即办理了在校寄宿手续。该中学规定"寄宿生不得擅自出外住宿,未经批准,擅自在外住宿者,给予勒令退学或开除学籍的处分"。但张某经同学冷某邀请,擅自与冷某离校到校外房东李某家住宿近两个星期,而学校对此情况一无所知。2002年4月16日凌晨,张某与冷某在李某家住宿时,张某无故用菜刀将冷某砍伤,房东在制止过程中亦受伤,随后张某便不知去向。4月21日,张某的尸体在离学校不远的松坑水塘被发现。经县公安局尸检,张某系落水窒息死亡。为妥善处理此事,张某亲属和该中学就张某死亡赔偿问题达成协议,约定由学校一次性给予张某亲属安葬费及其他费用共计1万元。

上述案例中张某的遭遇是因为没有遵守校规导致的。在学校生活的学生一定要学会保护自己,主要从以下几个方面加强自我保护意识:

(1)不随意在别人寝室睡觉,不留宿别人在自己寝室过夜,不留宿陌生人。

(2)个人钱物应妥善保管,锁在衣橱或抽屉内,钥匙随身携带,不应将钥匙插在衣橱或抽屉上。贵重物品和大额钞票不可带进寝室,可以寄存到管理员或班主任处。养成晚上就寝前和早上离开寝室时检查门锁是否锁好的习惯,否则因丢东西、互相猜疑引发的纠纷很容易转化成打架斗殴等行为。

（3）夜间去卫生间动作要轻、要慢，以免损伤自己和影响他人。

（4）进行有关整理床铺或清洁卫生等活动时，要注意站在椅子上，椅子背要朝自己的胸前，不能朝着自己的脚后，不要站在椅子上穿长裤。

（5）上下楼梯时，不应奔跑，不与其他同学嬉戏打闹。

（6）不在寝室、阳台和过道内打球、追逐、抛物、踢球、推扭、打闹等。不得两人或两人以上在上铺玩耍，不在床上蹦跳。

（7）不要站在窗台、晒衣架和活动物体上去收、晒衣服，以免造成危险。

（8）不得攀爬翻越住宿楼和围墙、护栏、窗台等。

（9）不去网吧、游戏厅，严禁夜不归宿。

（10）有父母亲朋探亲时要报告管理员，以便给予安排，不经允许不得擅自带人入寝室。

（11）雷雨、大风天气要关好窗户。

（12）在宿舍区内发现可疑的人或事，要及时报告宿舍管理人员、老师或学校保卫部门。

校园诈骗手段多

诈骗是以非法占有为目的，用隐瞒真相或者虚构事实的方法，骗取较大金额的公私财物的行为。由于诈骗不使用暴力，是在平静的气氛下进行的，再加上受害人往往没有防范意识，因此很容易上当受骗。尽管诈骗的形式有许多，但却有着共同点，只要学生们把握住这些共同点并加以防范，就可以防止自己落入圈套。一些骗子的手段并不是很高明，有时候中小学生之所以会上当受骗，离不开自身的原因。通常情况下，学生具有一些幼稚或不良的心理意识，从而让骗子能够顺利得手。

常见的校园诈骗手段主要有以下几种形式：

（1）以特殊身份实施诈骗行为。这一类型的骗子往往以社会上的"名流"、"能人"的名义实施诈骗行为。比如谎称自己是公安人员、导演、气功大师、商人等，将自己的身价抬高，对于一些难办的事情表示自己有足够的能力去解决。这种诈骗形式比较单一，比较容易被识破。

（2）借熟人关系实施诈骗行为。这一类型的骗子通常是冒名顶替或以朋友、老乡的身份实施诈骗行为的。而受害人通常出于"哥们义气"或碍于面子，甚至有一些人将有人求助当成是一种荣耀，并认为"宁可信其有不可信其无"，做出"慷慨解囊"的行为。

（3）以急需别人帮助的身份实施诈骗行为。这一类型的骗子常以财物丢失或者走失的落难者、灾区群众、学生等名义实施诈骗行为。这种诈骗形式较为原始，只要同学们稍加思考便能识破。

4. 骗取信任，再寻机实施诈骗行为。许多骗子经常会利用一切机会拉近与中小学生的关系，或表现得十分感慨以朋友相称，或表现出相见恨晚而故作热情，骗取信任以后再实施诈骗行为。

5. 以次充好，恶意行骗。有的骗子利用学生辨别货品的经验不足，又希望物美价廉的特点，上门推销各种伪劣产品，使其上当受骗。更有一些到学生宿舍推销产品的人，发现宿舍里没有人时，还会顺手牵羊。

诈骗的形式多种多样，只要中小学生端正心态，不让虚荣心作祟，不贪图小便宜，遇事认真分析，就一定不会上当受骗。

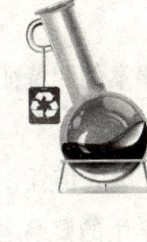

我为什么那么好骗

在现代社会条件下,行骗者的手段可谓层出不穷、花样翻新。但是不管诈骗手段如何变化,其中总是有一些共同的特征,只要自己对这些特征予以防范,是可以避免使自己误入歧途、落入圈套的。

由于心智还没有发展成熟,中小学生防范意识薄弱,辨别能力差,受害者之所以受害的原因主要有以下几个方面:

(1)思想单纯,分辨能力差。中小学生由于与社会没有深入接触,思想单纯,对一些人或者事缺乏应有的分辨能力,对于事物的分析往往停留在表象上,或根本就不去分析,如此一来,诈骗分子往往就有可乘之机。

(2)感情用事,疏于防范。我国虽然有帮助他人的优良传统,但如果不假思索地、无条件地去"帮"一个不相识或相识不久的人,这是十分不可取的。应该看到的是,我们有不少中小学生就是凭着这种幼稚、不作分析的同情怜悯之心,一遇上那些自称走投无路急需帮助的"落难者",往往就会被他们的花言巧语所蒙蔽,自以为做了一件好事,殊不知,自己已经成为骗子的"囊中之物"。

(3)有求于人,粗心大意。每个人都会有有求于他人的时候,但不能忽略的是一定要了解对方的人品和身份。有些中小学生在有求于人而有人愿"帮忙"时,往往急不可待,丝毫没有警惕之心;对于对方提出的要求,常常是不假思索地满足对方的要求,进而铸成大错。

(4)贪小便宜,急功近利。很多诈骗分子之所以常常行骗成功,很大程度上也正是利用人们的这种不良心态。很多禁不住诱惑的学生往往是被诈骗分子开出的"好处"、"利益"所吸引，自以为可以用最小的代价，获得最大的利益和好处。在这种心理下，对于诈骗分子的所作所为不加深思和分析，不做深入的调查研究，最后只能面对被骗的可悲下场。

那么，青少年学生该如何防止受骗呢？总结起来主要可以从以下几个方面做起：

（1）家长或老师应当简述一些常见的诈骗犯罪案例和特征，以这种方式提高中小学生面对这类事件的辨识能力。

（2）让中小学生理解什么是信任，应当给予什么人信任，应该对于什么人有所保留，尽量消除中小学生的盲目性并提高中小学生的警惕之心。

（3）告诉中小学生在面对别人的可疑言论或者要求时应当怎么做。

（4）家长和老师的沟通也十分重要，平时一定要做好相关的防范措施，例如，不给中小学生佩戴首饰，穿高档服装，保持中小学生外表朴素，使其不易于成为犯罪分子作案的目标。

（5）校园中遇到诈骗时一定要在最短的时间内报告组织或校保卫处。一旦发现有诱骗嫌疑时应及时向保卫处报告。如实回答前来调查情况的公安人员提出的各种问题，以便为公安机关侦破案件提供有利线索。

"四招"让你远离校园诈骗

案例

小燕平时成绩一般,因此她特别怕考试。临近期末,她的心情非常不好。这天小燕放学后正要回家,突然听到身后有人喊:"小同学,等一等。"小燕停下来回头一看,见一个中年妇女正向她走来。中年妇女笑眯眯地从包里拿出一个小方盒子,悄悄地说:"小同学,我是六年级某同学的家长,刚从国外带回来一种智能解题器。考试有了它,保证得100分。我带回来两个,送给我孩子一个,你想不想要一个呢?只要50元,千万不要对别人说哦。"

小燕一听有能够帮助自己考试的神奇解题器,高兴得什么都忘了,忙拿出50元钱交给了"阿姨",像得到宝贝似的,高高兴兴地回了家。第二天考试时,小燕偷偷地拿出解题器,弄了半天也不出数字,她这才知道自己上当了,非常后悔。

近年来,许多诈骗分子把"黑手"伸向了校园里的中小学生,而且手段变化多端。面对多种形式的诈骗,中小学生必须采取一些预防措施,从而避免使自己落入诈骗分子的圈套中,成为受害者。总结起来同学们可以采用以下几种防止诈骗的策略:

(1)要有反诈骗意识。俗话说"害人之心不可有,防人之心不可无",同学们要提高防范意识,学会自我保护。由于社会环境千变万化,同学们一定要尽快适应环境,要积极参加学校组织的安全防范和法制教育活动,多了解、多知道、多掌握一些防范知识。在日常生活中,中小学生要做到不谋取私利,不贪图便宜;在提倡奉献爱心、助人为乐的同时,提高警惕,不要轻信花言巧语;不随意将自己的家庭地址等情况告诉陌生人,防止上当受骗;如果看到可疑人员,一定要及时报告;上当受骗以后要及时报案,让骗子受到应有的法律制裁。

(2)不要感情用事。如果同学们只凭感情用事,做事总是跟着自己的感觉走,很容易上当受骗。骗取钱财是诈骗分子的最终目的。所以,对于表面上讲"哥们义气"的诈骗分子,尤其是刚刚认识的"老乡"、"朋友"、"落难者",如果对方提出了钱财方面的要求,一定不要被感情的表象所蒙蔽,要能够听其言、观其行,理智地看待问题。对于刚认识的"朋友",不要轻信对方。如果你认为对方的钱财要求超乎常理或者不合实际,应该及时向保卫部门或者老师反映,以免遭受不应有的损失。另外,对于陌生人,同学们一定要小心处置,尽可能不为他们提供单独行动的空间和时间,不为对方创造作案的条件。

(3)不要贪图小便宜。同学们要明白"天上不会掉馅饼",面对陌生人许诺的利益,应该深思,并进行调查,做到三思而后行。通常情况下,博取信任和骗取财物是诈骗分子行骗的两个阶段。尤其是第一个阶段,为了博取信任,诈骗分子可能会提供一些十分诱人的条件,同学们只有保持头脑清醒,才不会被这些"好处"和"横财"冲昏了头脑。

(4)服从学校的管理,自觉遵守学校的规定。学校制定了一系列管理制度和规定用来约束学生的行为,在执行的过程中,也许会给学生带来不便,但是这些制度是不可或缺的,且大部分校园管理制度就是为了防止犯罪分子以及闲杂人员混入校园作案,从而使学生的正当权益和校园秩序得到维护而制定的。所以,同学们必须认真执行学校的有关规定,遵守管理制度,并积极支持相关部门履行管理职能,使其应有的作用发挥出来。

时代在发展,诈骗分子的诈骗手段也变得越来越高明。中小学生比较单纯,极易轻信他人,容易成为诈骗分子行骗的目标。为了不落入诈骗分子的圈套,同学们一定要采取各种措施预防诈骗。

谨防手机短信诈骗

随着通讯技术的不断发展，很多不法分子会利用手机发送伪造的中奖信息。有些人警惕心比较低，将其信以为真，当受害人真的把邮寄费邮寄给对方以后，拿到钱的不法分子就会销声匿迹。因此，作为青少年一定要加以警惕，千万不能相信这样的中奖信息。诈骗短信往往有以下特征：

（1）跨区域的流动性。从事此类活动绝大部分使用异地手机号码，而且发送短信、开设银行账户和取款往往不在同一个地域实施，而是在多个地域实施，区域分布十分广泛。

（2）隐蔽性很强。发送手机违法短信的往往为团伙作案，团伙内部有严密的分工，各负其责。有的专门负责发短信，有的开设银行账号，有的购买手机号和手机，有的负责从ATM机上提款，在拿到钱之后就会销声匿迹，隐蔽性非常强。

（3）具有快捷性、破坏性。因为发送违法短信的数量巨大，现在使用短信群发软件和群发器的作案者越来越多。所以，在很短的时间内，他们就可以发出大量短信，危害性也非常大。

（4）欺骗性很强。手机短信的内容让人无法抗拒，越来越具有诱惑力。甚至一些不法分子会冒充金融部门或者公安机关进行诈骗，有很强的欺骗性。

（5）不易识别。有的异地手机和本地的一号通号码捆绑起来，所以很多同学以为是室内固定电话，这样就放松了警惕，消除了怀疑，最终上当受骗。

近几年，短信骗局越来越猖狂，而且各种骗局越来越高明，犯罪分子很难被抓获。所以，青少年一定要提高警惕，千万不能轻信，否则就可能掉入对方的圈套中。短信骗局主要利用人们贪便宜和发横财的心理，设计出一套骗局，如卖便宜货、领取奖品、办假证、出国留学、名校招生、代考、职业介绍……轻信的人必然会上当受骗。

那么，青少年应如何防止短信诈骗呢？

（1）通过号码识别真假。到目前为止，正规的通信公司向用户发送的短信，内容都限制在话费通知、开通业务告知、公司组织活动告知等方面其短信平台并没有发送商业性宣传信息或者对外承揽广告业务。类似宣传或者广告业务的短信，都是虚假的。

（2）通过内容识别手段。从内容上看，诈骗手机短信主要分为两类。一类谎称自己的手里有"罚没、走私汽车、手机等物品"，想要"低价转让"，"有意向者可以汇款邮购"；另一类则是以"公司周年庆典大抽奖"等名义，告诉机主"中了大奖"。这都属于手机诈骗短信。

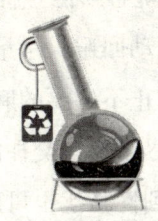

远离校园性骚扰

 案例

2011年12月17日凌晨2时许，广西浦北县官垌镇官垌中学内发生一起未成年人性侵害案，覃某、张某、彭某等六人利用索钩爬墙进入官垌中学，企图对入睡的女学生进行猥亵，其中三名嫌疑人涉嫌对一名学生实施了猥亵。

事发后，六名非法进入该县官垌中学校园对女学生进行侵害的社会青年被刑事拘留，浦北县教育局决定官垌中学校长、分管安全的副校长停职接受调查。

在校女学生遭受性骚扰的事件在国外屡见不鲜，社会学家、犯罪学家将这种现象称为"校园内性骚扰"。学生在校园内遭受性骚乱，主要来自男教师。在我国，对女学生骚扰事件也时有发生，并有增多趋势。例如，有的男教师经常摸女学生的头发，喜欢让女同学单独留下来"谈心"，经常对女学生长相评头论足，借故带女学生外出，有的言谈轻浮，行为不轨，甚至还要提出非分要求。对这类性骚扰如果不及时有效排除，很有可能发展为性侵害。

女学生面对性骚扰应当采取坚决有效的防范措施，这里所指的防范措施，包括要防止成为性骚扰的对象和陷入性骚扰的环境之中。女学生应采取以下措施：

（1）明确态度，正告对方。为了避免一而再、再而三的性骚扰，并防止事态的恶性发展，女学生在第一次受到性骚扰时，就应当向对方明确表态，这种态度的表明方式，可以是无声的断然拒绝，也可以义正言辞，要求对方检点自己的行为。有些女学生反复遭受性骚扰，原因之一就是对外界的性骚扰态度暧昧，不置可否，有的还将摸自己的头发和脸蛋、讲一些男女之间的话看成是老师、长者、领导喜欢自己，不以为戒，反以为荣，客观上强化了对方性骚扰的心理。

（2）疏远关系，减少接触。长期相处的环境容易滋生性骚扰。因此，当女学生发现有人不怀好意，有性骚扰行为时，应主动回避，尽量疏远，减少接触和交往，这样做既可表明自己的态度又能减少和防止不必要的麻烦。如果因为师生关系等确有必要继续来往的也应该在公开场合，尽量增加交往的透明度和公开性。一般来说，在公开场所安全是有保障的，即使遇到性骚扰也可以予以抵制和反抗。

（3）依靠组织，求助他人。在较封闭的场合，女生是较难单独应付男生的性骚扰的。因此，被骚扰的女生应该及时向组织上反映，依靠组织的力量来教育对方，及时制止性骚扰，监督对方，保护自己。在我国，依靠组织、求助他人不失为一个好办法。

（4）转学以断绝往来。也许有女生认为，性骚扰的实施者行为性质难定，自己又没有直接遭受性侵害，讲出去不好，但又担心自己在这种特定的环境下日后会成为性侵害的对象。为此，有条件的女生宜采取转学的方法，以断绝与对方的往来，从根本上防止被性侵害。

（5）动用法律制裁不法行为。如果性骚扰达到一定程度，而女生孤立无援或忍无可忍时，应该主动向公安机关报案，依法制裁犯罪行为。法律武器是保障学生的人身、财产安全的重要手段。

遭遇强奸时的应对方法

强奸是一种违背被害人的意愿，使用暴力、威胁或伤害等手段，强迫被害人进行性行为的一种行为。在所有的国家，强奸行为都属于犯罪行为。当被害人因为酒精或药物的影响，而无法拒绝进行性行为时，与其发生性行为也被视为强奸。近年来，一些犯罪分子把"黑手"伸向了在校中小学生。对中小学生的身体和心理造成了严重的伤害，那么，作为中小学生遭遇强奸时该如何应对呢？

 **1. 遇到强奸行为现场对策**

当中小学生遇到强奸时，应注意以下几点：

（1）保持镇静，临危不惧。镇静不仅可以保证自己临危不惧、临阵不乱，而且还可以对犯罪分子起到震慑作用，使犯罪分子感到你不是软弱可欺，同时还可以仔细观察对方举动和周围环境，寻找呼救和脱逃机会。

（2）要坚强，有信心，要与犯罪分子软磨硬泡，拖延时间，顽强抵抗。

（3）选择适当时机和方式逃跑。机会是由自己创造的，例如，可先假装同意，然后乘他脱衣，使尽全力将他推倒，及时逃跑，并在逃跑时继续呼救；或者当犯罪分子的面孔接近你时，用手指捅他的眼睛；或者出其不意，猛击其阴部，使其丧失攻击能力，趁机脱逃。

（4）利用日常用具防卫。如果双方体力悬殊，你也要想一想自己身上有无可以用作防卫的工具，例如水果刀、指甲钳、发夹等，当犯罪分子向你攻击时，用其刺伤犯罪分子的眼睛，趁机逃跑。

（5）记住犯罪分子特征，尽量在他身上留下你反抗的痕迹，例如在其面部、手背留下抓痕、齿痕。及时向公安机关报案，协助公安机关捉拿罪犯归案。

对犯罪分子的性攻击进行反抗自卫，是一种正当防卫行为，受到国家法律的保护，得到群众的支持。反抗自卫能否成功，关键在于自己。

你不必担心在自卫反抗中对犯罪分子造成一定伤害。法律规定，正常的正当防卫不负刑事责任，在反抗自卫中，之所以要攻击犯罪分子的要害，一方面由于女生攻击力量不及男性，不采取攻击要害的方法难以达到自卫的目的；另一方面，只有击中犯罪分子要害，才能制止其犯罪活动，为自己创造脱逃机会，保证自己不遭到侵害。

在与犯罪分子进行近身搏斗时，要注意打击其要害部位，犯罪分子的要害部位一旦被击中，便会立即丧失侵害能力。人体表面的要害部位很多，例如头部的太阳穴、两眉之间的印堂穴、两侧颈部、小腹部以及阴囊部等部位，只要对这些部位进行猛烈拳击、掌砍、脚蹬或手抓，就能制服犯罪分子。此外，眼球组织附近的神经十分多，只要你将拇指伸向犯罪分子的眼眶内，就能使其剧痛难忍，立即丧失攻击能力。

2. 女生正当防卫秘诀

（1）咬。色狼施暴时常先将女生的双臂缚住，此时在不得已的情况下应抓住时机咬住其肉体不松口，迫使其就范。有位女同学在被害过程中，遭犯罪分子强行接吻，情急中她"稳、快、狠"地咬住犯罪分子的舌头，致使其疼痛休克，后来被捉。

（2）喊。常言道"做贼心虚"。犯罪分子在实施犯罪过程中，心虚的多。别小看喊声带来的风吹草动，它有可能阻止犯罪分子的主观恶性继续加深。假如犯罪分子正处于犯罪初始阶段，女生应当大声呼救，以求得旁人闻声救助。例如，一女生在夜晚活动时，被一歹徒突然截住。她不顾一切大声呼喊，歹徒惊吓，在逃跑中被闻声赶来的众人抓住。若该女生有所顾忌，不敢呼喊，则必将遭害。

（3）撒。若独自行路遭遇犯罪分子，呼喊无人，跑躲不开，色狼仍紧追不舍时，女生可就地取材，抓一把泥沙撒向犯罪分子面部。这样做可以抢出时间，跑脱后再去"调兵擒魔"。

（4）撕。如果撒的办法不起作用，仍被犯罪分子死死缠住，打斗不过，女生可以在反抗中撕烂犯罪分子的衣裤，令其丑态百出，然后将撕烂的衣裤作为证据带到公安机关报案。

（5）抓。撕仍不能制止加害行为时，可以向犯罪分子面部、要害处抓去。抓时只有抓得狠、抓得死，将其抓破，才能达到制服色狼、收集证据的目的。

（6）踢。面对一时难以制服的犯罪分子，可以拼命踢向他的致命器官，这样可以削弱他继续侵害的能力。这一方法不少女生在自卫中使用过，极见成效。

（7）刺。如果遇上犯罪分子手中有凶器，女生仍要沉着，胆大心细，不要慌乱。犯罪分子要行奸，必会自脱衣裤，此时可借机行事。

（8）认。受到色狼不法侵害时，女生应瞪大眼睛，记住犯罪分子的面部和体形特征，多记线索，以便报案时（争取在 24 小时之内）提供给公安机关。

强奸案屡有发生，在此类犯罪现象中，犯罪分子的主观恶性深度不一样，而女生被害时的情况也不尽相同，这就需要女生在遭遇犯罪分子时胆大不慌，依法自卫。

"四大"场所巧防强奸

下面针对强奸事件发生率最高的四个场所介绍一些实用的防范措施：

 1. 女生宿舍安全须知

（1）遇节假日其他同学回家，最好不要一个人住宿。回宿舍就寝时，要留心门窗是否敞开，防止犯罪分子潜伏待机作案。

（2）夜间有人敲门时，要问清来人情况再开门。如发现有人想撬门或砸窗闯入，全宿舍同学要齐声呼救，并准备可供搏斗的物品，做好齐心协力反抗的准备。

（3）夜间上厕所要格外小心。若厕所照明设备已坏，应带上手电筒，上厕所前先仔细查看。

（4）睡觉前，关好门窗，天热时也不例外，防止犯罪分子趁熟睡时作案。

（5）不管一人或多人在宿舍，当犯罪分子作案时，都要保持冷静的头脑，临危不惧，一面呼救，一面与犯罪分子搏斗。

 2. 外出场所八大纪律

（1）不论多么匆忙，出门前都应该告诉老师、家人、室友或其他可靠的人，目的地、与谁有约、预定归来的时间等。

（2）女生应尽量避免一个人夜行，不要单独前往偏僻的地段、楼层或暗角。

（3）要避免独自到人迹罕至的偏僻郊野、丛林或城市公园里的隐蔽角落去游览。

（4）独自行走时，要警惕周围是否有人跟踪、盯梢。

（5）遇到陌生人搭讪，或过分夸赞时，应提高警惕。

（6）陌生人问路时，口头告之即可，不必亲自带路。

（7）一旦发现有人跟踪，迅速找附近商店或可靠的住家求援，或打电话求助家人，还可以拨打110报警。

（8）尽量不要太晚回家。如果非要晚归，应请可靠的同伴送你，或请家人来接。

3. 聚会场所六点意见

（1）尽可能让家人或亲友知晓聚会地点、哪些人参加以及预定返回时间。

（2）不要随便饮用他人提供的饮料、食品等。

（3）不要喝酒。

（4）要提高自卫能力。

（5）要注意自己的言行、穿戴和打扮。

（6）尽量不要外过夜，在有成年男性的女伴家里过夜也有风险。

4. 女学生夜间行路注意事项

（1）陌生男人问路，不要带路；向陌生男人问路，不要让其带路。

（2）不要搭乘陌生人的机动车、人力车或者自行车，防止落入坏人圈套。

（3）遇到不怀好意的男人挑逗，要严厉斥责，表现出自己应有的自信与刚强；如果碰上坏人，首先要高声呼救，假若四周无人，切莫慌张；要保持冷静，利用随身携带的物品，或就地取材进行自卫反抗，还可采取周旋、拖延时间的办法等待救援。

（4）一旦不幸遭受侵害，不要丧失信心，要振作精神，鼓起勇气同犯罪分子斗争。要尽量记住犯罪分子的外貌特征，例如面貌、体型、语言、服饰以及特殊的标记等。要及时向公安机关报告，并提供证据和线索，协助公安保卫部门侦查破案。

（5）不要穿过分暴露的衣衫和裙子，防止产生性诱惑，不要穿行动不便的高跟鞋。

（6）高度警惕。如果你在校园内行走，要走灯火明亮、往来人较多的大道。对于路边黑暗处要有戒备，最好结伴而行，不要单独行走。如果走校外陌生路，要选择有路灯和行人较多的路线。

巧妙应对流氓滋事

案例

2010年3月17日傍晚,一伙由九人组成的社会流氓强行窜入某中学校园,以兄弟的堂妹被人谩骂为理由,直奔学校教学楼三层的一个教室,想要对正在里面上自习的一位同学进行殴打。值班教师伍老师闻讯赶来对其进行劝阻,但这伙人的气焰十分嚣张,不仅不听劝解,反而与伍老师争执推搡起来,并挥拳砸向伍老师,伍老师被迫奋起自卫。其他老师闻讯赶来协助劝阻,一位老师被社会流氓一顿乱拳击中,手肘、胸部受伤,衣衫也被扯破了。这伙人还口出狂言,恶狠狠地威胁老师和学生,在派出所民警赶来之前扬长而去。这起滋扰校园的恶性事件上报后,肇事者最终受到了法律的严惩,校园周边环境也得到了明显的净化,校园里又恢复了往日的平静。

在和谐、安全的校园中,偶尔也会出现一些问题,例如扰乱、破坏校园秩序,对同学们无端侵犯、挑衅乃至伤害的行为。一旦出现校园滋扰现象,同学们一定要提高警惕,机智应对。

那么,当同学们在校园内遇到流氓滋事的时候,应该如何机智应对呢?

 **1. 注意应对策略及方法**

一般情况下，要机智应对，避免纠缠，防止事态扩大。在很多场合，滋事者显得盲目而愚昧、无赖而固执，有时仅有挑逗性的动作和言语，让人可恼可气而又抓不到有效证据。

遇到这种情况，要冷静处理，注意讲究方法和策略。一方面，要及时报告老师并协助学校保卫部门进行处理；另一方面，采取正面劝告滋事者的方法，注意避免纠缠。

此外，还要加强自身的修养，不要因小事而招惹是非，慎重积极地与外部滋扰这一丑恶现象作斗争是每位学生义不容辞的责任。

 2. 依靠集体的力量

一旦出现公开殴打、侮辱同学等恶性事件，中小学生要迅速报告老师，挺身而出，敢于见义勇为，积极地制止和揭露这种不良行为，还要及时拨打110报警电话。

要注意发动和团结周围的同学，从而对滋事者形成心理压力，迫使他终止违法犯罪行为。对于那些凶狠残忍、成群结伙的滋事者，只有依靠集体的力量，才能有效地制止他们违法乱纪的行为。这样既可以对滋事者形成群起而攻之的压力，也可以有效保护每位同学的人身安全。

 **3. 提高警惕并谨慎处理**

面对流氓滋扰，同学们要提高警惕，正确对待，做好准备，慎重处置。千万不要惊慌，要弄清是非，问清缘由，既不退缩畏惧，又不要轻易动手，一味蛮干，而是要讲明道理，讲究礼貌，妥善处理。

4. 运用法律武器保护同学

面对流氓滋扰校园事件，中小学生要坚持以说理为主，不能轻易动手，并且要注意观察、掌握证据，以便对犯罪分子予以惩办。比如，有哪些人在场，谁先动手，持什么凶器，滋事者有哪些突出特征，案件大致经过是怎样的，滋事者有何证件，现场状况如何，毁坏的设施和衣物是什么，地面有什么痕迹等。这些证据对及时抓获犯罪嫌疑人是很有帮助的。

学生们除了要积极制止和防范发生在校园内的滋扰事件外，还应加强自身修养，严格要求自己，不断提高自身的综合素质，决不沾染流氓恶习，绝不站到滋事者的行列中去。

避免与同学发生斗殴

中小学生的自制力较差,容易在冲动的情况下和同学发生斗殴事件。

通常情况下,打架斗殴是最易避免又是极易发生的一种现象。在打架斗殴之时,双方由于情绪都比较激动,或某一方出现不理智的行为,往往就会大打出手,拳脚相加,而动手的原因可能就是一些鸡毛蒜皮的小事。因此,平时注意养成良好习惯,培养优秀的个人品德和健康的心理素质十分重要。

对于中小学生而言,要避免打架斗殴的行为,主要可以从以下几方面做起:

(1)为人要正直、诚恳,他人的隐私一定不要揭露,以免招人忌恨,带来不必要的麻烦。

(2)凡事设身处地,多为他人着想,不能只从自己的角度想事情和做事情。

(3)当与他人有矛盾时,要主动疏导缓解紧张关系,应和为贵,要具备一颗包容之心,主动讲和或检讨一下自己行为的不妥之处;即使有理也要先把矛盾缓解下来,待事情缓和后再细论对错。

(4)双方矛盾无法自己调解时,可以请老师、家长或朋友出面进行调解。

(5)不要过分强调与某人或某几人要好,排斥他人。

(6)受到他人无理嘲笑、批评或谩骂时,要心胸豁达,能忍则忍。千万不要因为过分生气而失去理智,与人发生争吵。

(7)路上遇到打架斗殴事件时,不要围观看热闹。应该尽快离开现场,并且拨打110报案,或请老师进行处理。

（8）遇到不讲理的流氓或酗酒之人，要尽量避开。不要和这些人正面冲突，以防给自己带来人身伤害。

（9）在校内或学校附近，如果发现同学之间或同学与社会上的人打架，应在第一时间报告老师。

（10）交朋友一定要慎重，不要参加任何帮派组织。

（11）不要深夜在外面游荡。

（12）在公共场所要讲社会公德，不可旁若无人地高声讲话、嬉闹，以免引起他人反感而导致争吵殴斗。

（13）不出入电子游戏机室、地下舞厅、酒吧、台球室等场所，以免"引火烧身"。

被拐卖了怎么办

中学生被拐卖的事件时有发生，中小学生被拐卖之后，通过广播、报警、追寻为时已晚，最为关键的还是要防范于未然，从而使中小学生免受其害。

（1）平时一定要培养中小学生学会跟歹徒斗智，且要"多听、多看、记心间"。例如，走到哪儿了？大概在什么位置？听见了什么？看见了什么等都要牢记于心。

（2）跟坏人在一起的时候，一定要尽量吃好、喝好、睡好，尽量使自己精力充沛，从而保证自己处于最佳的身体状态。

（3）要"假痴装癫，不露锋芒"。如果被拐卖后歹徒问到家里的情况，例如，你爸爸是做什么工作的、是不是有钱人等，一定要装穷，千万不要把家里的具体情况告诉歹徒。除此之外，还应该注意的是，同学们要尽量争取对方的"同情"，问一些诸如"叔叔，你有孩子吗？"、"你的孩子多大了"之类的问题以博取同情。

（4）在被拐途中学会留下小标记，有机会就要果断逃跑。在被劫持的路上（走到十字路口这些重要的地方），同学们可以将身上重要的物品扔到地上，给寻找自己的家人或者警察叔叔提供重要的线索，这对自己的安全逃离是极为重要的。

（5）老师和家长平时要教导学生学会"金蝉脱壳"。很多中小学生面对歹徒往往不敢及时逃跑，其实一旦瞅准时机，就要果断逃生。曾经有这样一个案例，犯罪分子把一个拐骗来的孩子放到三轮车上，然后仓皇逃跑。走到一处红绿灯路口时，由于碰上了红灯，犯罪分子所骑的三轮车不得不停了下来。就在三轮车停下来的一霎那，被拐的孩子就"噌"地跳了下来，拔腿就跑。而犯罪分子只能眼睁睁地看着孩子胜利逃脱。

遭遇抢夺时的应对技巧

案例

"同学们，放学后不要在外面逗留，赶快回家，路上要注意安全。"老师嘱咐着走出教室的同学们。小明没有听老师的话，而是停在小摊前买东西。他掏钱包时，露出了好几张百元钞票。这一切正好被身边几个染着头发的大孩子看到了，他们在一个僻静的拐弯处拦住了小明，并威胁说："小兄弟，来点钱花怎么样？"小明捂着衣服兜就是不给。几个染着发的大孩子恼怒了，强行抢夺。小明奋起反抗。一个"黄头发"掏出一把西瓜刀，威胁说："再不给，就给你放血。"小明怒视着"黄头发"，激烈地反抗着，"黄头发"手中的西瓜刀扎向了他的肚子。小明疼得大叫一声，鲜血直流，昏迷过去。紧接着，这几个大孩子抢走了小明的钱包，四散逃走了。

一个下班的路人，发现了昏迷的小明，立刻拨打了120急救电话，经过紧急抢救，小明才脱离了危险。

在日常生活中，中小学生遭遇抢夺的事件时有发生，那么，遇到抢夺时该怎么办呢？下面我们就介绍一些实用的小技巧。

（1）沉着冷静。同学们在遭遇校园抢劫时，务必沉着冷静，尽可能不发生冲突，以减少肉体伤害；受到伤害一定要及时告诉老师和家长。

（2）大声呼救，引起他人注意。突然遭抢的紧急关头，确保身体免遭抢夺者伤害是最重要的，在此基础上寻找机会大声呼救或与歹徒搏斗，特别是在周围有人的情况下，一定要大声呼救，以引起人们的注意和警觉。

（3）麻痹对手。当自己处于作案人控制之下而无法反抗时，可先按作案人的要求交出部分财物。同时要对作案人晓以利害，从而造成作案人心理上的恐慌，也可尽量缓和气氛，使作案人放松警惕，看准时机逃脱。

（4）注意观察。趁作案人不注意时在其身上留下记号，例如在其衣服上擦一些泥土、血迹，或在其口袋中装一些有标记的小物件等，并尽量准确记下体貌特征（身高、年龄、体态、发型、衣着、胡须、语言、行为等）。在作案人得逞逃走时悄悄尾随其后，观察逃跑方向，为警方破案提供线索。

（5）及时报案。脱身后要及时报案，尽量准确描述作案人体貌特征，将犯罪分子尽早绳之以法。

网络诈骗手段多

网络骗术,是指通过网络手段散发信息,寻找诈骗的目标,并利用网络来实施诈骗钱财的行为。互联网的发展既带来了无限的商机,同时也潜伏着各种陷阱。这些陷阱的隐蔽性很强,使网民防不胜防。尤其是中小学生,由于心地单纯善良,极易成为诈骗分子的目标。因此,同学们有必要了解一下网络诈骗的手段。

1. 网络交友诈骗

许多学生都很喜欢在网上交友。中小学生社会经验少,因此很容易被诈骗分子的风趣以及才学吸引。当双方聊得越来越投机的时候,诈骗分子就会向学生诉苦,这样一来,一些学生会主动提出帮助诈骗分子。等诈骗分子将钱物骗到手以后就会消失,接着会再换网名,继续用相同的手段来欺骗其他人。还有一些诈骗分子会提出见面,同学们切忌单独和网友见面,可以由父母或者可靠的朋友陪同,并要把见面的地点选在自己熟悉的地方,不要接受对方给你的饮料或者食物。

2. 中奖骗局

虽然同学们都知道"天上不会掉馅饼",但是当事情发生在自己头上的时候,一些同学难免会抱有侥幸的心理,盼望自己真的可以得奖。其实,这种中奖骗局的目的无非是骗钱。所以,同学们不要被诈骗分子的诱饵冲昏了头脑。

3. 幸运邮件骗局

这一类型的诈骗主要是利用团体内部成员对专业性团体、种族以及宗教的信任而实施的诈骗行为。在信中，诈骗分子会要求学生寄出数额较小的钱给邮件名单中的人，如此一来就可以带来幸运，否则就会发生不幸。如果你认为把自己的钱寄给其他人，其他人也会寄钱给你，那你就大错特错了。

4. 付费广告骗局

如今网上有许多付费广告，可是广告的点击率往往不高。一些站长为了提高广告收入通常会将这些广告的链接改为一些吸引人的文字，然后用邮件的形式发给其他人。若是学生感兴趣，想要看看这些链接到底是什么，则在看的同时就为自己造成了损失。

5. 定金、预付款诈骗

一些不法分子会在网上开欺诈学生的网店，网上承诺十分好，网上的电话、地址等信息十分详细，同时还把公司的网页做得很精美，从而给人很正规的错觉，实际上却是诈骗。这些人通常会用表面的东西来博得学生的好感，从而骗取定金或者预付款。

6. 网络求助诈骗

人与人之间互相帮助本来很正常，可是一些居心不良的人却利用了这一点。他们往往会在网上写一封感人的求助信，之后再用群发系统到处散发。如某某成绩优异，但是由于家境贫寒不得不辍学，急需大家的帮助；某某得了白血病等。学生本就天真善良，看到这样的信息以后通常会慷慨解囊，如此一来便掉到了他们精心设置的骗局里。

除了上面所说的六种诈骗方式以外，网络诈骗的方式还有很多，如网络传销骗局、"无风险投资"诈骗、出书骗局等。网络具有虚拟性的特点，因此诈骗分子实施完诈骗以后很难被人找到。为了免受网络诈骗的伤害，中小学生要小心谨慎，增强防范意识，不要被网络骗子抛出来的诱饵蒙蔽了眼睛。

远离黄毒的"污染"

案例

> 贵州市某街道在2013年5月接连发生两起小学生被猥亵事件。令人惊讶的是,经警方侦破,发现施暴者竟然是一名叫晨晨的15岁孩子!警方经查明进一步了解到,这名男孩之前对四名女生进行过性骚扰,警方从晨晨的父母口中得知,晨晨是在上网时无意间进入了一家色情网站,被其中挑逗性的文字和暴露的图片所吸引,才深受其害。当妈妈发现晨晨浏览"黄色"网站以后,就把家里的网断了。万万没想到的是,晨晨竟然借了别人的身份证,出入网吧,还犯下如此大错。

在日常生活中,中小学生借助各种渠道可以很轻易地接触到各式各样的黄色污染,如黄色书刊、黄色短信、黄色录像、网络黄色信息……因为中小学生刚刚进入青春期,身体正在发育,很多方面并不成熟。在此种情况之下,中小学生受到黄色污染物的影响就成为必然。一旦受到这些不良黄色信息的影响,他们就会因抵制不了诱惑而开始自行堕落,严重的甚至会去做违法犯罪的事情。

随着中小学生性生理的不断发育成熟,进入青春期后,很多中小学生对性充满着好奇和疑惑。应该看到的是,面对这一问题,学校、老师和家长很多时候并不及时进行疏导,这导致他们的好奇心不断增强。强烈的求知欲使他们对些问题极为敏感,所以很多中小学生会通过各种途径,如影视、书刊去寻找答案。在这个过程中，这些黄色污染物正好迎合了中小学生的需求，从而对他们的身心健康带来十分不利的影响。

一位妈妈讲述了自己13岁的女儿遭受网络黄毒侵害的经过。她说，当家中电脑联网后，一家人都非常高兴，女儿则兴奋地投入到与全国各地中小学生们的网上闲聊中。刚开始的时候，父亲还在女儿闲聊时去检查一下内容，但是时间一长就忽略了，只是简单地提醒女儿："要保护好自己，别上坏人的当。"但是，有一天，在女儿熟睡之后，他们打开了女儿的电子信箱，让爸爸妈妈大吃一惊的是，屏幕上显示的竟是不堪入目的性场面。他们通过进一步了解获知，女儿不仅已交了男朋友，而且还和男友按照邮件上的镜头做了性尝试。

实际上，我们可以看到大部分的黄色污染物中所追求的都是一种变态、淫秽的性观念和性行为，它对正在成长中的中小学生是十分不利的。除此之外，由于中小学生的自控能力非常差，因此很容易受到这些物品的刺激而产生性冲动并被不正常的情绪激发起来，产生想要模仿和尝试的欲望。

面对黄毒的危害，每个中小学生都应增强自身免疫能力，自觉抵制黄毒的污染。比如上网的过程中，不下载网上的黄色游戏、照片和小说；请人帮助安装保护软件，以便过滤出黄色、暴力节目；从科学书籍上正确学习性知识；合理控制上网时间；配合公安机关进行计算机扫黄。除此之外，还应该注意的是，中小学生要学会识别计算机黄毒，及时回避，不受迷惑，一旦发现，要及时举报等。

别让毒品"染"上你

众所周知,毒品对人的危害是毁灭性的。它不仅伤害身体,危及生命,而且还会让人自甘堕落,诱发各种犯罪。毒品十分昂贵,那些吸毒者要么倾家荡产,要么负债累累。在没有钱买毒品的时候该怎么办呢?他们只好采取盗窃、抢劫、诈骗、贩毒、赌博、绑架,甚至杀人的罪恶手段去获得毒资。而女性通常是依靠卖淫获取毒资,这一系列的情况都说明了吸毒使人道德泯灭,人格变异,不顾念亲情,抛却社会责任感,致使许多家庭妻离子散,骨肉相残。

另外,吸毒还严重危害身心健康。毒品损害人的大脑,影响中枢神经系统功能、心脏功能、血液循环及呼吸系统功能,还会影响正常生殖能力,并使免疫功能下降。吸毒者极易感染各种疾病,他们往往面色蜡黄、身体消瘦、嘴唇焦黑、神色漠然。严重的则丧失劳动能力,以致日渐衰竭而死亡。在毒瘾发作时,轻者头晕、耳鸣、呕吐、涕泪交流、两便失禁,重者往往丧失人性,丧失理智。严重者中毒身死或自杀而死,悲惨至极,目不忍睹。因此,中小学生一定要远离毒品。要做到远离毒品,可以从以下几点入手:

(1)提高思想认识。中小学生一定要从思想上认识到毒品的危害性,形成全校、全体同学坚决反对毒品危害的氛围,使贩毒分子和吸毒者远离我们。

(2)树立正确的人生观。中小学生有着美好的前途和未来,一定要抵制毒害等一切腐朽的东西,对于那些丑恶的东西,一定要坚决抵制。

(3)克服不良的兴趣爱好。兴趣爱好一定要有益于身心健康发育,有益于自己形成高尚的人格,有益于自己成才,有益于社会。而对于那些不良的兴趣爱好，一定要坚决抵制。

（4）要与好人交友。在交朋友的时候一定要有选择，选择那些对自身成长有益的人，否则不利于自身的身心健康和成长，危害极大。

（5）坚决抵制吸毒。由于吸毒属于违法犯罪行为，对吸毒者有百害而无一利，同时还能导致死亡，所以一定要勇于对毒品说"不"！只有这样，才能保证社会稳定有序。

（6）依法行事。对于那些教唆中小学生吸毒的违法犯罪分子，一定要根据法律进行严惩。如果发现了这种情况，一定要进行斗争，及时告诉老师或者是公安部门。

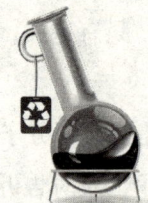

我不和烟酒"做朋友"

事实证明，很多人吸烟的习惯是在青少年时期养成的。但是，吸烟危害人体健康，中小学生一定要拒绝这种诱惑，远离烟草。

（1）永远不去尝试第一口。很多中小学生是因为好奇才吸烟的。但是由于烟草是一种成瘾性物质，它能够使人成瘾，长此以往，就养成了吸烟的习惯。

（2）要能顶住同伴劝说吸烟的压力。

（3）避免香烟广告及影视明星吸烟的诱惑。

（4）如果已吸烟，应立即下决心把烟戒掉。一定要相信自己是有能力戒烟。关于吸烟的认识一定要转变，它并不表明一个人成熟了，相反，在很多时候是幼稚的表现，吸烟会使身体不舒服，吸烟并不能使人放松和愉快。所以，一定要下决心戒掉烟。

（5）帮助别人戒烟。如果你在意的人在吸烟，应当前去加以制止，向他说明吸烟的危害性。吸烟不仅影响自身身体健康，而且还影响周围的人，被动吸烟危害性更大。

另外，酗酒也有很大危害性，甚至会影响人的寿命。酗酒的危害性主要表现在：

（1）对中枢神经系统的损害。酒精是中枢神经系统抑制剂，如果饮酒过度，中枢神经系统功能受到抑制，人的行为必然发生改变，表现为定向障碍，伴有神志模糊，洞察力和判断力下降。甚至还有人情绪不稳定，易受外界刺激影响，容易被激怒。如果长期经常酗酒的话，还会发生"酒精依赖综合征"，使脑部萎缩，中枢神经系统功能下降,导致思维、情感、智能、行为等方面异常。不仅无法控制自我,而且还可能发生一些攻击性的行为。

(2)对生殖系统的损害。长期滥用酒精,不论男女均可导致性腺萎缩、性腺内分泌功能下降和性功能损害。酒精还能直接损伤精子,并使精子染色体结构和数目发生变化。

(3)对其他系统的损害。过量饮酒可引起胃炎、胃出血、胰腺炎、胃肠功能紊乱与消化不良。酒精对肝脏的损害,表现为干扰肝细胞的正常代谢过程,使肝细胞脂肪变性,发生酒精性肝炎和肝硬化。酒精对心血管系统的损害表现为血压升高、动脉硬化和心肌损伤。

(4)对中小学生发育的影响。酒精可直接作用于垂体,使垂体生长发育受阻,垂体前叶分泌的生长激素减少,从而影响全身的生长发育和正常代谢。总之,不利于中小学生的身心健康发展。

所以,中小学生一定要远离烟酒,否则,可能产生无法预料的后果。

第六章 自己的心情自己爱——呵护心灵

TIAN DUN AN FANG

不容否认，当代中小学生具有很多优秀的个性品质，但也有一部分学生存在心理素质差的问题，并且个别人的心理问题还比较严重。本章主要针对当前我国中小学生存在的心理方面的问题，为同学们介绍一些关于心理健康的知识，从而进一步促进其心理健康水平的提高。

引例

　　初中二年级的小杨,以前是一名与同学团结友爱,学习勤奋努力,成绩较好,以诚实上进而获得师生普遍好评的女生。最近却在几次月考中接连失利,成绩一路下滑。父母找她谈话,对她进行了严厉的批评,并警告她说,如果下次再考不好,就不用回家了。接连几天,小杨茶饭不思,夜不能寐,并且好长一段时间精神状况极差,抑郁不安。她的母亲反映,她回到家也不说话,总是把自己一个人关在房子里;同学反映,她在校也很少跟同学们谈笑了,多是一个人独自行动。一天上课,老师发现小杨没有来,也没有请假。原来小杨动了自杀的念头,独自坐在教学楼顶准备跳下去,幸亏管理员及时发现,不然后果不堪设想。

　　从上面的案例我们可以看出:心理健康对于中小学生的健康成长是十分重要的。那么作为中小学生,我们应该如何培养健康的心理呢?这值得我们每一个人深思。

形形色色的学生心理问题

结合我国中小学生的实际情况,我们通常可以将常见的心理问题做如下的分类:

1. 学习问题

学习是中小学生生活中的重要内容。学生在学习中不仅面临学习方法上的适应、学习习惯上的优化、学习兴趣和动机方面的维持与调整,也面临着由于自我意识的觉醒带来的对成绩及其成就意义的正确理解等问题。部分中小学生的学习出现了内部动力不足、学习困难、学习成绩波动和考试焦虑等问题。

2. 个性心理问题

虽然中小学生的个性远未定型,但是在这个性格开始出现雏形以及对自己的优点和缺点高度关注、逐步选择自己认同的价值观的年龄,个性问题也是不容忽视的。这个年龄的学生自我教育能力尚不成熟,需要教师和家长对他们的个性问题给予重视。中小学生出现的人格障碍主要有依赖、回避、强迫、被动攻击和以自我为中心等。

3. 人际交往问题

由于半成熟半幼稚的年龄特征,中小学生,特别是中学生一方面渴望自己能够熟练地与别人进行适度的交往,以树立自己的"成人"形象,得到大家的认同和接纳;另一方面又缺乏相应的交往技能,因此,他们容易出现一些交往问题。例如,有的过于小心谨慎,变得退缩和孤独;有的太在意自己在别人心里的印象,变得过度敏感猜疑;有的自控能力较差,造成严重的人际冲突和对抗。

4. 自我意识问题

中小学生,特别是中学生自我意识的高涨是一个十分突出的心理特征。由于自我意识处于不平衡的迅速发展状态,学生们经常面临一些自我意识方面的问题。比如,不能客观地认识自己的优点或缺点,而导致的自卑心理或自负心理;强烈的独立需求带来的逆反心理;强烈的自尊心和片面地维护自己的面子和形象而产生的嫉妒心理等。

5. 情绪问题

中学阶段是学生消极情绪比较多见的时期。虽然大多数学生都会受到各种各样的消极情绪的侵扰,但是这些情绪一般比较容易消除和转移。如果一种消极的情绪长期得不到消除,成为学生的主导心境,会给学生的学习、生活带来严重的困扰。中学生常见的情绪障碍有焦虑、抑郁和恐惧等。

6. 各类不良行为问题

由于心理发展的不平衡,学生对自己行为的理性选择和自主控制的能力也不够强,容易发生由于冲动、自制力弱、爱慕虚荣等导致的各类行为问题,比如偷窃、撒谎、网瘾、追星、攀比等。

7. 性心理问题

性生理的成熟和性心理的迅速萌发是初中学生身心发展的重要表现。虽然大多数学生在自己的摸索和师长的教育下可以顺利适应这个新的身心变化,但是也有不少学生会因为受到不良的媒体宣传和社会风气的影响,或者自身知识与控制能力的缺陷,出现一些不利于身心健康的性心理或性行为问题,有些问题甚至对他们以后的身心发展造成严重的不良影响。

8. 一般性适应不良

这是一类面对情境因素的变化时,由于不能及时调整自己的方法、心态或行为规范而导致的相当长一段时间内的心理不适应的问题。中小学生常见的情境变化有教师的更换、转学、升学以及家庭方面的变化,如父母离异、失去父母等。这些变化对于心理发展不平衡的中小学生而言,无疑会增加心理适应上的难度。

9. 应激与突发事件中的心理问题

一般性适应问题主要面对的是可预测的变化,这些变化一般会持续一段时间或提前做些准备。在中小学生的生活中,也会有极少的时候遭遇突如其来的重大打击或挫折,比如生急病、重病、失恋、重大考试失误、意外的人际冲突或创伤等。这些问题对于经验较少、刚刚步入独立生活领域的中小学生来说当然是很难面对和自行处理的,更加需要家长和老师给予特别的关照、支持和引导。

心理问题产生的原因

中小学生正处于身体和心理的成长阶段,因此,心理特点十分明显,一些心理问题也在这个阶段开始产生。而导致青少年产生这些心理问题的原因又有哪些呢?

1. 家庭原因

从精神分析学派对个体的早期经历的发掘到"观察学习理论"对父母榜样力量的强调,再到人本主义倡导的对孩子的无条件的积极关注,心理学中的各家各派都对孩子成长中的家庭因素给予了高度的重视。作为导致中小学生心理问题产生和发展的一个重要的可能因素,家庭的经济状况、社会地位、文化背景、家庭的消闲方式、家庭成员之间的和睦程度、家庭的社会关系以及孩子的出生顺序等,都会对孩子的心理发展发生影响。其中对青少年的心理健康影响最显著的主要有如下几个方面:

(1)家长对孩子的教养方式

父母的教养方式对孩子人格养成的影响是十分明显的。不仅如此,父母的教养方式还会与整个家庭的教育氛围、生活情趣和家庭成员之间的关系等因素发生复杂的相互作用,从而加重对孩子的心理影响。

(2)家庭成员的性格和品行

父母和家庭的其他成员性格健康、品行正派,能给青少年提供良好的模仿榜样,并有利于培养良好的亲子关系,形成健康的心态和稳定的积极心境。如果父母和其他家庭成员个性怪异,如自私、孤僻、冷漠、主观臆断、情绪冲动、性情古板等,或者有许多不良行为习惯甚至违法行为,会很容易使孩子的自尊心受到损伤,直接给那些对各种人生观念和性格特征高度敏感和关注的青少年们带来各种消极观念和消极情绪,从而衍生出种种行为问题和心理问题。

（3）父母的关系与和睦程度

父母关系和睦,会共同关心和爱护孩子的成长过程和心理感受,使用一致的教养方式对子女实施教育,给孩子提供家庭稳定感和安全感,有利于维持孩子良好的情绪、亲子间的正常交流和沟通。如果父母关系紧张,家里经常发生冷战和"热战",会令孩子长期生活在惊恐和担忧之中,必定影响孩子的家庭观念、干扰孩子正常的生活和学习。而父母的关系往往不是一个短时间内可以好转的,"战争"一旦发生,往往会持续相当长的一段时间,对孩子心理上的伤害是难以估量的。中小学生的心理尚处在"断乳期",它的实际成熟水平和应对家庭危机的能力是比较弱的,长期目睹父母的感情裂痕,甚至会导致对异性的恐惧和仇恨,对于孩子成年后理解和处理各种异性关系是很不利的。

（4）家庭生活事件

每一个家庭都有可能会遇到一些正常或不正常、预料中或预料外的变化。大到亲人亡故、夫妻分离,小到搬家换房、家人生病、出差等,都会给家庭以及家庭中的每一个成员带来压力和冲击。中小学生本身面临自己特殊的心理发展的问题和矛盾,家庭生活事件的发生很有可能给他们带来更多的压力和适应上的困难。许多时候,家庭生活事件在中小学生心理问题的发生和显现中起到了催化剂或显影剂的作用。由于家庭事件属于学生的隐私,心理辅导人员很难及时触及,这就使得家庭生活事件在心理疏导中成为一个不容易获得的信息,需要给予青少年特别的关注和主动的关心,建立稳定的辅导关系,才能了解到真实的情况和原因。

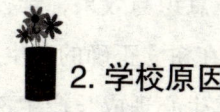

2. 学校原因

大量的调查和研究表明,在影响学生心理健康的诸多因素中,学校教育的因素是被列为首位的。学校教育因素对青少年心理问题形成的不良影响主要表现在以下几个方面：

（1）教师的因素

与学生接触最多、最直接的是教师。教师对他们的影响既有与父母类似的一面，也有不同于父母的一面。其中，教师的个性特征和心理健康水平对学生的影响很大。

由于中小学生对教师的敬佩或反感都容易泛化，对于教师对他们的评价，对其他同学的评价以及教师对同学的公平与否十分敏感，教师身上的不良个性和品行不仅仅容易成为中小学生学生模仿的对象，而且容易引起师生关系和同学关系中的种种误解、摩擦、冲突和抵触，给学生带来严重的消极影响。据研究，教师下列特点对学生的性格影响较大：精神振作或沮丧、兴趣广泛或狭窄、性格暴躁或恬静、意志坚强或懦弱、处事果断或犹豫、教学和生活有条理或杂乱无章。通常，教师兴趣广泛，学生中也多有业余活动爱好者；教师态度安详，学生也多心平气和；教师偏袒、不公正，学生也多任性、猜疑、自负或自卑。

（2）学业压力过重

青少年学生在整个中学阶段都贯穿着各种压力：学习压力、考试压力、升学压力等。这些压力既可以成为动力，也可以成为阻力，关键在于压力的适度与否。如果压力过大，则可能导致心理和行为问题。青少年，常常缺乏成熟的应对学习压力的策略，承受繁重的学业压力时，如果处理不当，会出现明显的心理问题。

（3）同学的因素

对于青少年而言，同龄伙伴在他们的生活、学习和心理发展中所起的作用已经比小学阶段明显增加，同学因素在青少年的心理发展中有着其他因素无法替代的重要作用。

（4）学校的教育和管理

学校的教育和管理上的问题也会影响青少年的心理健康。校园氛围，校风校纪，学风学纪，学校教育对不良社会影响的抵御、纠正意识与效果，学校教育与家庭教育的一致性及其联系是否紧密等，都会对正处在树立正确的人生观、价值观，急需正确的生活引导和必要的安全保护的中小学生心理成长产生深远的影响。

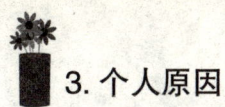 3. 个人原因

除了家庭和学校的因素之外，青少年自身不良的主观因素也对其心理问题的产生负有责任。具体说来，容易导致青少年出现心理问题的自身因素有以下几点：

（1）身体因素和生理缺陷

有身体和生理缺陷的同学比正常的同学承担的心理压力要大很多，由于这种缺陷常常是难以改变或好转的长期因素，对个体的消极影响是比较大的。尤其是这种缺陷被同学们知道并当作玩笑的话题，情况就会更为严重，不仅容易引发个性上的问题，而且正常的学习和人际交往也常常受到影响。

（2）不良习惯和个性特征

大量的临床经验和研究表明：心理障碍和心身疾病的发生、发展和转化与性格特点有一定的内在联系，同样性质和强度的刺激，发生在不同性格特点的人身上，其结果和表现也都不同。有的产生身心障碍，有的没有明显的异常反应。另外，有些心身障碍和某些个性特点之间有着较为稳定的密切关系。比如，焦虑症的病前性格多为自卑感强、自我苛求、依赖性强、过分关注自己的身体等；强迫症的病前性格多为谨小慎微、求全责备、自我克制、优柔后悔、责任心过重和自我苛求等；癔症的病前性格多为富于暗示性、情绪多变、容易激动、善于幻想、自我中心和自我表现等。

（3）特殊的早期经验

一般认为，早期生活在单调、贫乏的环境中的孩子比生活在刺激丰富、照顾良好的环境中的孩子，在心理发展和心理潜能方面要相对滞后一些。尤其是早年的一些创伤性经历，可能在潜意识中潜伏多年之后，在以后的生活中被某些事件引发出来，导致一些心理问题。这样的致病因素经常需要使用一些精神分析方法和技术才能得到发现和消除。

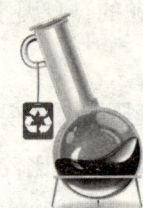

巧妙处理同学间的矛盾

案例

小刚最近心情郁闷，他遇到了一个难题。前两天和同学小武为亚洲杯足球决赛是中国队得冠还是日本队得冠的问题争得面红耳赤。小武认为日本队会夺得冠军，小刚情绪激动当众骂他是卖国贼。没过几天"不幸"的结果出来了，还是"卖国贼"赢了。自此以后，小武处处与小刚作对，不是讥笑他猜测亚洲杯胜负结果的错误，就是在踢球时指责小刚传球不到位，不动脑子。两人经常争吵，甚至还动了手，弄得小刚苦恼万分。小刚陷入了深深的痛苦当中：回想事情的起因，还是因为自己说了过分的话造成的。怎样才能与小武和好呢？

中小学生朝夕相处，难免有磕磕绊绊，再好的朋友也有发生矛盾的时候，发生矛盾该怎么办呢？有的同学试图通过交谈消除隔阂，重归于好，但又往往由于话不投机，致使双方越谈越僵，只好不欢而散。因此，如何与闹别扭的同学和好，也就成了不少同学为之搔首的难题。

下面让我们一起来学习一下同学之间和解的策略吧！

1. 抓住时机，有选择地说

同学间有了矛盾，自己有和解的愿望，就要抓住时机——双方能谈得开、说得拢的时候及时沟通。俗语说"打铁要看火候"，时机把握不好，若谈早了对方气还没消，双方难以解决矛盾；谈迟了，对方误解已深，又增加了谈话的难度。那么，什么时候才算抓住了与对方谈话的时机呢？一般来说要选择以下的时机：

（1）在对方情绪愉快时

当情绪不快时，人的思维呈现封闭状态，不易听进不同的意见。常言道："人逢喜事精神爽"。当人的情绪愉悦之时，待人比较温和、谦逊，更能听进对方的一些意见。情绪愉悦时，待人也会更宽容，容易原谅别人的过错，也不会过多地计较对方的言辞。因此，当你发现与你闹别扭的同学情绪愉快的时候，应抓紧这个时机与其沟通、寻求和解。

（2）在对方有和解愿望时

在与他人发生无原则纠纷后，大多数人都会对自己的行为进行自觉的反省。通过反省自己的过错后，就会产生求和的愿望，并会主动向对方发出一系列试探性的和解信号，例如，通过第三者向自己传递信息，对方不躲避自己，主动与自己接近、打招呼，与自己见面时由过去的满脸"阴云"到"乌云转晴"，或者暗中帮助自己排忧解难等。此时，我们及时"投桃报李"，就会收到良好的效果。

（3）在第三者有效的调解后

第三者（同学、老师）有效的调解，为双方架起了一座感情的桥梁，能去除双方的心理屏障，促使双方产生求和心理。此时，只要同学们能勇敢地走过"桥"去，心平气和地与其促膝谈心，种种误会就能排除，矛盾也就会烟消云散了。

2. 适应特点，有针对性地说

（1）针对同学的兴趣

从与自己闹别扭的同学感兴趣的事情说起，不仅能消除他的"敌意"，且能实现情感交流，出现"酒逢知己千杯少"的局面。

（2）针对同学的气质

人的气质可分为胆汁质、多血质、黏液质和抑郁质四种类型。不同气质的人，在言语上往往呈现出各自不同的特点。例如，胆汁质的人喜欢直言快语，厌恶啰唆重复。他们"火气旺"、脾气大，易于与人顶嘴、吵架。我们与他们谈话时，态度要谦和，避免与他们直接顶撞。多血质的人比较能言善辩，说话比较圆滑，当话不投机时，会与对方争论，但过后不久，不快的情绪就会烟消云散。与这样的人谈话，要单刀直入，开诚布公，以有力的事实和道理进行规劝、说服。黏液质的人，言辞稳重，不易动气，但比较固执，难以听进不同意见，当对方话题中有涉及自己的问题时，会反复解释。抑郁质的人，言辞温和，语调轻、细、软，但比较计较对方说话的态度，重视对方说话的用词和语气，稍有不慎，便容易产生疑心和忧虑。与自己闹别扭的同学如果属于后两种气质类型，则与他们谈话时，就要运用"迂回战术"，多用暗示和婉转的语气，商讨性地说。

3. 尊重人格，有礼貌地说

心理学家发现，人们在日常生活中之所以造成不和，大多与出言不逊有关。因此，要想与闹别扭的同学和好，还必须在言词上注意尊重对方的人格，做到以礼待人。具体说来，要做到以下几点：

（1）说话讲究"卫生"，不说脏话

说脏话最容易将人激怒，谈话就难以进行。所以，与闹别扭的同学谈话时，一定不要说脏话。

（2）控制情绪，不说气话

闹别扭的同学本来就与我们在情感上存有芥蒂，你说的每一句话，甚至每一个词，对方都会仔细"咀嚼"，认真"品味"。一旦对方从你的谈话中"品"出半点不悦，就会产生逆反心理。这样一来，对方不是立即顶撞你，就是拂袖而去或闭口不言。所以，与闹别扭的同学谈话时，千万不要带有不满情绪，更不能说气话。倘若对方说气话，要从团结的愿望出发，注意忍让。

（3）主动检讨，不说空话

主动地、实事求是地检讨自己的过错，以求得对方的谅解，是尊重对方人格的表现。同时这也能唤起对方的同情心和羞耻感，继而做出友好的表示。

和睦相处的秘诀

案例

一天，卢勇和一些同学在教室里疯打，一不小心把沈伟的桌子碰倒了，桌子上的东西全部滑落到了地上，沈伟放在桌上的眼镜也打烂了。沈伟看到这种情况立刻火冒三丈，大声嚷着："没长眼睛吗？简直就是疯子！给我捡起来，谁打烂的谁赔！"卢勇看到沈伟盛气凌人的样子也十分生气，回骂道："谁在放屁啊！就是不捡、不赔，你敢怎么样？"

于是，他们两个你一言我一语地吵开了。班主任得知此事后，对双方都进行了批评教育。从此卢勇和沈伟就像仇人一样，一见面就相互找碴儿，关系越来越差。对此，他们两个都觉得很苦恼，但都认为是自己受了委屈，对方应该主动认错，才可能缓和关系。

回忆一下，在你的生活中，有没有遇到过和卢勇、沈伟一样的经历，是否也像他们那样争执不休呢？最后的结果又是怎么样呢？冲突在争执中得到解决了吗？在人际交往中，我们时常会因为一些事情与他人发生争执，由于虚荣心作祟，这样的争执会持续很长的时间，最终破坏我们的人际关系，导致冲突的发生。

相反，如果我们能学会换位思考，结果可能就不一样了。一位智者说过："把自己当做别人，把别人当做自己；把别人当做别人，把自己当做自己。"作为中小学生的我们，在人际交往中要学会换位思考，不要只站在自己的角度去看待或衡量别人，要多站在别人的立场上考虑问题，学会换位思考，这样就可以减少矛盾和摩擦，促进良好人际关系的形成。

"己所欲，先予人"，要想建立良好的人际关系，我们首先需要做的是站在对方的立场上去思考、去行为，这是人际交往的秘诀。

1. 为对方着想

只有站在别人的角度上，先替对方着想，才会以恰当的、可以让对方接受的方式让对方认同你、接纳你。如果没有为对方着想，忽略了对方的担忧和感受，那你永远也不会打动别人，而你的愿望也就很难实现了。

2. 多关怀、体谅人

由于所处的立场不同、环境不同，通常很难了解对方的感受。在对待别人的失意、痛苦或挫折时，千万不要幸灾乐祸，而应多关怀、体谅别人的心情。如果你用铁棒粗鲁地撬，那么你是怎么也不可能把别人的心门打开的。唯有关怀，才能把自己变成一把打开心门的钥匙。了解别人，在沟通中多为对方着想，注重以心换心，以情动人。

3. 了解对方的真正需求

在人际交往中，由于没有考虑到对方真正的需求，即便是好心，也容易犯下一些"美丽"的错误。在人际沟通中，尤其是熟悉的人之间，我们常常"懒"得去说，只管按自己的意愿行事，往往却忽略了别人的想法和真正的需求。我们来看一则案例：

A、B、C、D四个推销员接受了任务——到庙里向和尚推销梳子。

A推销员空手而归。他说到了庙里，和尚说没头发不需要梳子，所以他一把梳子也没有卖出去。

B推销员回来了，他卖了十几把梳子。他介绍经验说："我告诉和尚，经常梳梳头皮，不仅止痒，还可以活络血脉，有益健康。如果念经念累了，梳梳头，可以保持头脑清醒。就这样，我卖掉了十多把梳子。"

C推销员回来了，他卖掉了100多把梳子。原来他和老和尚说："您看这些香客多虔诚呀，在那里烧香磕头，磕完头起来头发就乱了，有时候香灰还落在他们的头发上。如果您在每个庙堂里放一些梳子，待香客们磕完头、烧完香，让他们拿起梳子梳理头发，他们就会感到这个庙的僧人关心香客，下次还会再来的。"老和尚觉得有道理，所以就买了100多把梳子！

D推销员销售得最成功，共卖了几千把梳子，而且还有订货。他说："我到庙里跟老和尚说，庙里常常接受人家捐赠，应回报一下人家，而梳子是非常便宜的礼品。您可以在梳子上写'积善梳'，说可以保佑对方，对方一定乐于接受。既然是礼品，那就应该多储备一些，谁来了就送谁，庙里的香火一定越来越旺。就这样我卖掉了几千把梳子。"

上面的故事告诉我们，在人际交往的过程中要学会换位思考。换位思考的实质，就是设身处地为他人着想，即想人之所想，理解至上。如果同学们能深入体察对方的内心世界，按照他人的想法阐述自己的观点，沟通就会变得更加顺畅，冲突也会消失于无形。

4. 喊出对方的名字

每个人都会对自己的名字特别敏感，通常情况下，如果你能叫出对方的名字，就会使对方感到亲切。虽说记住他人的名字看似是一桩小事，但做到与否，效果却大不一样。记住别人的名字说明你把对方放在了心上，这不仅有利于缩小双方的距离，为对方留下好的印象与形象，更代表着礼貌、礼仪和自身修养。所以记住对方的名字，并把叫出来，同学们会发现对方回报给我们的是善意的微笑与和睦的相处。

5. 帮助而非施舍

在人际交往中，我们时常会帮助他人，也时常"好心办坏事"，这都源于我们没有认清帮助和施舍间的区别。每一个人，尤其是处于困难中的人，往往有着很强的自尊心。同学们想要帮助他，就先要理解他，理解他真正的难处，理解他复杂的心态，理解他希望得到帮助而不是施舍的愿望。有了这些正确的理解，我们才能去帮助他人，充满尊重地帮助，才是真正的帮助。

6. 善意地提醒

人际交往中，我们时常本着好意去要求别人，"你应该这样"、"你应该那样"，甚至会表现得声色俱厉。换个角度想想，如果别人这样提醒你，你会怎么样呢？是听从？是据理力争？还是拒绝呢？即使明明知道对方心怀好意。因此，同学们何不换一种方式，用对方可以接受的方式，去善意地提醒。也许这样能取得更好的效果。

正确排解嫉妒心理

嫉妒是对别人的优越地位而心中产生的不愉快的情感。它是对别人的优势以心怀不满为特征的一种不悦、自惭、怨恨、恼怒甚至带有破坏性的负感情。

中小学生一方面由于心理发展不完全成熟,另一方面由于社会交往范围日益扩大,置身一种充满竞争的学校或社会环境,于是个别差异在相互交往中被突出,由此而导致的优越地位成为他们追求的目标。羡慕他人的优势,可以激发一个人的奋发图强的精神,这是积极方面,但也可能使人因此而产生嫉妒心理。由于看到别人的长处,自己无力或不愿改变现状,于是就会对对方表示不满、愤恨,甚至加以伤害。

中小学生常因以下几个方面产生嫉妒心理:

(1) 学习。学业优秀、人际交往能力强、工作出色的人往往成为嫉妒的对象。因为这些人所具有优势常直接与评"三好"、评优秀干部、评奖学金相联系。而这些方面处于弱势的人必生失落之感,虽然其中一部分人能正确对待,但也有部分人则心生不满、怨恨、充满敌意,甚至图谋拆台和报复。

(2) 才貌。才貌是指天生的智慧及外貌。优秀的才能和俊美的容貌容易使人得到幸福和成功,而才貌较差者则要为此付出巨大的努力,嫉妒心理便由此而生了。

嫉妒心理的发展有三个阶段:

(1) 最早的程度较浅的嫉妒,往往深藏于人的不易觉察的潜意识中。如自己与某同学相处很好,对于他的优势名誉、地位等并不想施以攻击,不过每念及此,心中总会感到有一种淡淡的酸涩味。

（2）程度较深的嫉妒，是由强度较浅的嫉妒发展而来的。其标志是当事人的嫉妒心理不再完全潜抑，而是不自觉地显露出来。如对被嫉妒者进行间接或直接的挑剔、造谣、诬陷等。

（3）非常强烈的嫉妒，嫉妒者此时已丧失理智。向对方作正面的直接的攻击，希望置别人于死地而后快。这样往往会导致毁容、伤人、杀人等极端行为。

嫉妒常常产生害己的不良后果，中小学生应学会理智地处理嫉妒心理。

（1）正确看待人生价值。这样，同学们就能摆脱一切私心杂念，心胸开阔，不计较眼前得失，更不会花时间和精力去嫉妒他人的成功了。一个埋头于追求自己事业的人是无暇顾及别人的事的，俗语说"无事生非"，正出于此。一个人没有理想，胸无大志，无所事事，就会去挑别人的刺，寻别人的短，自己不进取，却去阻碍他人前进。

（2）发挥自我优势。"金无足赤，人无完人"，每个人都有自己的优势和长处。追求万事超人前既无必要，也不可能。某些方面自己不如人，但却可能在另外一些方面做得更好。所以要学会全面地认识自己，既看到自己的长处，又正视自己的差距，扬长避短，发现并开拓自身的潜能，不断提高自己，力求改善现状，开创新局面。

（3）培养达观的人生态度。人生本就是一个大舞台，每个人都有自己适合的角色，都应"自得其所"，各有归宿；要有勇气承认对方有比自己更高明更优越的地方，从而重新认识、发现和创造自己。这样就能从病态的自尊心和自卑感中解放出来，从嫉妒的泥潭中自拔出来。

当你遭受嫉妒时怎么办

 案例

阿敏是一个开朗、豁达的女孩,性格有点儿像男孩子,很少为什么事情苦恼,但最近遇到一件实在令她生气的事情:阿敏和另外两个好朋友升入初中后分在一个班,一年以后,三个人的成绩逐渐拉开了差距。阿敏学习努力、用心钻研,又当上了班长,这引起了另外两位朋友的嫉妒,麻烦也从此开始。

她们先是到处传言,说阿敏的成绩是作弊得来的。刚听到这个传言时,阿敏还向她们倾诉,她们也表现得义愤填膺,说根本不相信这样的传言,并说要帮阿敏驳斥传言。可时间一长,阿敏渐渐了解到,这些传言实际就是从她们那里传出来的。因为她们三个人关系好,所以,这个传言显得很有说服力。

阿敏了解到事实的真相后很生气,很想跟她们俩大吵一场,可转念一想,吵闹又有什么用呢?自己行得正、走得端,谣言自然不攻自破。开始阿敏对这个传言置之不理,仍然正常学习,如果是作弊,难道每回都能抄得高分吗?阿敏憋足了劲再拿第一名。果然,没过多久,这个传言慢慢平息了。可是另一个更恶毒的传言又出现了,说阿敏早恋,在社会上乱交男朋友,平均每两个月换一个男朋友。许多同学在背后指指点点,阿敏简直要气疯了。为了这件事情,阿敏的情绪变得很忧郁,学习成绩一落千丈。白天勉强上课,晚上常常失眠,一个月下来,阿敏整个人都瘦了一圈。

朋友之间、同学之间知根知底，其中一个脱颖而出，很容易让其他人从高兴到羡慕，从羡慕到嫉妒。优秀的中小学生难免被嫉妒。遇到这种情况要有以下的应对的办法。

 **1. 走自己的路，让别人去说吧**

首先对嫉妒置之不理，阿敏处理第一个传言（考试作弊）的态度很明智——不屑一顾，这是对传言制造者的最大反击。这样做不是胆小，不是逃避。如果在具体问题上一一驳斥对方，可能澄清了某些传言，但还是在按照对方的思路走。如果为了击败她们而就此与她们公开辩论，即使赢了，也只在战术上偶有所获，却在战略上误入歧途。阿敏应该像没发生这些事情一样，一如既往地生活、学习，不但外部行为表现如此，更应该调整自己的心态，从心理上摆脱这些传言的影响。

 **2. 向嫉妒者"示弱"**

当被嫉妒的人感到幸运之时，嫉妒者却因此感到不幸，这是嫉妒心理产生的根源。因此，如果你感受到他人的嫉妒，彼此关系尚存之时，适当地向对方示一示弱是有必要的。如吐露自己的不幸往事，自己所做出的极大努力以及目前还有的困境等，这样做的结果会缩小双方的心理距离，并转移对方对你较为出色一面的关注。这会使对方感到你的谦虚，也会使对方对你的努力自叹不如，甚至会产生对你的理解，从而有可能"浇灭"妒火。

 **3. 主动求助于嫉妒者**

向嫉妒者示弱的一个具体的作法是主动求助于嫉妒者。如果我们能不计较对方对自己的嫉妒，主动寻求他们的一些帮助，使他感到"你也有求于我的时候"，自尊心能在一定程度上获得满足，这样，妒火的温度就可能降下来。

4. 让嫉妒者一起分享欢乐

你取得的成绩或多或少曾受到过别人的帮助,因此,当同学们取得成绩并获得荣誉时,要注意不要冷落他人,更不要居功自傲。你可以用言语表达对大家的感谢,如"我获得优秀学生干部的称号,是大家对我的支持,荣誉是大家帮助的结果"。或者将得到的奖品请大家包括嫉妒者一起分享,这都有助于减少他人对自己的嫉妒。

当然,有时尽管同学们作了很大努力,但有的人就是妒火中烧,甚至采取了一些破坏行为。遇到这种情况,同学们也不必退缩。此时,可在老师和家长的帮助下,对对方进行必要的教育。

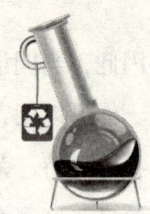

教你摆脱自卑心理

某些学习成绩不好的中小学生对自己没有信心,每天情绪颓废,严重影响了自己的生活质量。那么如何克服自卑,增强自信呢?

我们可以依照以下几种方法来摆脱自卑心理。

 **1. 要增强信心**

消除自卑的关键还是在于自己。只有自己首先相信自己,对未来充满信心,并乐观地对待每一天,才能使自己生活的更快乐。悲观的人通常并不是缺乏工作或做事的能力,他们缺少的就是自信。他们自我评价值极低,总觉得自己什么都做不好。有句话说得好:"你说行就行。"面对某件事情的时候,假如你觉得自己能行,可以做,那么你就会尽自己最大的努力去面对它。同时,你知道这样继续下去的结果是那么诱人,当你全身心投入之后,最后等待你的结果一定是"是的,我做到了";相反,假如你觉得自己做不来,自己的行为就会受到这个意念的干扰,没有了行动的动力,大好的机会就会在你眼前溜走。因为你一开始就觉得自己做不来,所以即使失败了也会为自己找各种各样的借口:"看吧,我说我不行的,真的是做不来!"

 **2. 正确认识自己**

正确认识自己首先要正视自己的过去。要对曾经的成绩有一个恰当的分析与

评价。当然，这个自我评价要恰当，不要过高或者过低，因为这关系到你能否清楚地认识自己的缺点和不足，能否正确地了解自己的实力，能否客观地评价自己的素质等。因此，正确认识自己，首先是要实事求是，既不夸大自己，也不妄自菲薄，这样才能明确自己将要追求的目标。尤其要注意扬长避短，将自卑的压力转化为发挥自己长处的动力，从自卑中超越。

3. 客观全面地看待事物

一个有自卑心理的人，往往会更多地看到事物不利于自己的一面，而忽视对自己有利的和积极的一面，不能对事物进行客观地分析与判断。为了消除自卑心理，我们需要努力提高自己透过现象抓本质的能力，能够发现事物积极的一面，特别是要善于发现自己的潜力和优势，而不是哀叹命运的不公，感慨生活的无奈。

4. 积极与人交往

不要总觉得别人看不起你而不敢与人交往。要消除这样的不良心理，首先同学们要自己看得起自己，要知道你并不比任何人差。这样，别人也会对你刮目相看，你甚至可能获得他人的赞美和鼓励。积极与人交往，可以从中学习别人的长处，这样在与人交流的过程中，自己的能力也得到了提高，更不会产生由于孤陋寡闻而不敢与人交往的自卑感。

5. 在积极进取中弥补自身的不足

很多自卑的人都较为敏感，很容易将外界的信息理解为一种消极的暗示，从而加重了自卑感而难以自拔。当然，假如我们能够正视自己的缺陷，并努力去改正它们，奋发向上，积极乐观，一定会获得更多的快乐，从而增强自信，摆脱自卑。

上课"走神"怎么办

上课"走神"是中小学生中普遍存在的现象。尽管很多同学下过很多次决心要改变这种局面,但就是改不了,为此很多同学非常苦恼。下面介绍一些方法,希望可以帮助中小学生提高注意力。

 **1. 课堂上专心听课**

认真、专注是提高学习效率的前提。看书时,如果注意力不集中,可能就会看串行,当然就很难把书读懂、读透,其中的知识自然就难以掌握全面,这种情况必然导致学习成绩不好。

课堂上,注意力不集中,就会出现大量的知识遗漏和空缺,形成知识漏洞。

怎样专心听课呢?

首先课堂学习要"六到"。

一是要精到(即兴趣浓厚),带着兴趣听课,效果最佳,否则愁眉苦脸地学习,效果决不会好;

二是要心到,它是学好科学知识的根本所在;

三是要眼到,它是获取知识的重要来源,俗话说"百闻不如一见""耳听为虚,眼见为实";

四是要口到,对自己不理解的问题要勇于提问;

五是要耳到,根据教师思路专心听讲;

六是要手到。

实践证明，听课时"六到"并用，效果甚优，反之，收效甚微，甚至一无所获。

2. 提高自己的注意力

注意力的集中作为一种特殊的素质和能力，可以通过训练来提高。那么，训练自己的注意力、提高自己专心致志素质的方法有哪些呢？

（1）空间清静

作为训练自己注意力的最初阶段，做一件事情之前，首先要清除书桌上全部无关的东西。然后，使自己迅速进入主题。如果你能够做到一分钟之内没有杂念，进入主题，你就了不起；如果你半分钟就能进入主题，就更了不起；如果你一坐在那里，十秒、五秒，当下就进入，那就是天才，那就是效率。有的人说，自己复习功课用了四个小时，其实那四个小时大多数在散漫中、低效率中度过，做了无用功。反之，开始学习时，你就将与学习无关的全部内容置之脑外，这就是高效率。

（2）做些放松训练

舒适地坐在椅子上或躺在床上，然后向身体的各部位传递休息的信息。先从左脚开始，使脚部肌肉绷紧，然后松弛，同时暗示它休息，随后命令脚踝、小腿、膝盖、大腿，一直到躯干全部休息。之后，再从脚到躯干，然后从左右手放松到躯干。这时，再从躯干开始到颈部、头部、脸部全部放松。这种放松训练的要领，需要反复练习才能较好地掌握，而一旦你掌握了要领，会使你在短短的几分钟内，达到轻松、平静的状态。

（3）集中注意力训练

数学家杨乐和张广厚，小时候都曾采用快速做习题的办法，严格训练自己集中注意力。这里给青少年朋友介绍一种在心理学中用来锻炼注意力的小游戏。在一张有25个小方格的表中，将1~25的数字打乱顺序，填写在里面，然后以最快的速度从1数到25，要边读边指出，同时计时。

研究表明：7~8岁儿童按顺序找每张图表上的数字的时间是30~50秒，平均40~42秒；正常成年人看一张图表的时间大约是25~30秒，有些人可以缩短到十几秒。同学们可以自己多制作几张这样的训练表,每天训练一遍,相信你的注意力水平一定会逐步提高。

（4）运用积极目标的力量

军事上,把兵力漫无目的地分散开,让敌人有机可乘,是败军之将的作法。这与我们在学习、工作和事业中一样,将自己的精力漫无目标地散漫一片,注意力到处分散一样,很难取得好的成绩。学会在需要的任何时候将自己的力量集中起来,注意力集中起来,这是一个成功者的天才品质。培养这种品质的第一个方法,是要有这样的目标。

这种方法的含义是什么？就是当你给自己设定了一个要自觉提高注意力和专心能力的目标时,你就会发现,你在非常短的时间内,集中注意力这种能力有了迅速的发展和变化。

同学们要在训练中完成这个进步。要有一个目标,就是从现在开始比过去善于集中注意力。不论做任何事情,一旦进入,能够迅速地不受干扰,这是非常重要的。比如,要求自己在一定时间内,在高度注意力集中的情况下,将某一部分的内容基本上一次性记忆下来。当同学们有了这样一个训练目标时,你的注意力本身就会高度集中,你就会很快排除干扰。

（5）培养对专心素质的自信

要有能做到专心致志的信心。只要同学们有这个自信心,相信自己可以具备迅速提高注意力集中的能力,能够掌握专心这样一种方法,你就能具备这种素质。同学们都是朝气蓬勃的青少年,只要下定决心,不受干扰,排除干扰,一定可以做到高度的注意力集中。

（6）训练排除外界干扰的能力

要在排除干扰中训练排除干扰的能力。青少年朋友一定知道,一些优秀的军事家在炮火连天的情况下,依然能够非常沉静地、注意力高度集中地在指挥中心判断战略战术的选择和取向。千钧一发时,还能排除这种威胁的干扰,判断军事上部署,这种抗拒环境干扰的能力,就需要训练。

（7）训练排除内心的干扰

当周围的环境已经很安静,但内心却仍然有一种骚动,有一种干扰自己活动的情绪,有一种与学习不相关的兴奋时,要善于将它们放下来,予以排除。这时候,同学们要学会将自己的身体坐端正,将身体放松下来,将整个面部表情放松下来，也就是将内心各种情绪的干扰随同这时身体的放松都放到一边。

内心的干扰往往比环境的干扰更严重。若同学们还是不能放松、静下心来的话，就想想你的人生目标，想想自己还有好多事没有完成，提醒自己要集中注意力。经过内心的提醒和暗示，你会慢慢把注意力集中起来。

不妨从现在开始，集中一小时的精力，比如背诵 80 个英语单词，看自己能不能背诵下来。高度地集中注意力，尝试着一定把这些单词记下来。完成学习后，再休息，再玩耍。当需要再次进入学习状态的时候，又能高度集中注意力，做到张弛有道。永远不要消耗时间，永远不要折磨自己。一定要善于在短时间内注意力集中，高效率地学习。要这样训练自己：安静的时候，像一棵树；行动的时候，像一阵风；休息的时候，流水一样自由自在；学习的时候，像军事上实施进攻一样集中优势兵力。这样的训练才能使自己越来越具备集中注意力的能力。

摆脱学习上的懒惰

人们常说"人是好逸恶劳的动物"。在一定程度上，这样的说法有其一定的合理性。人总是希望在工作中尽可能地减少体力付出，在生活中尽量舒适、安逸，获得更大的满足和享受也是人们活动的动力。但是不能忽略的是，如果只是一味地贪图安逸，惰性就会随之产生。惰性在生活中具体表现为不求上进、意志消沉、安于现状以及心态消极；在学习以及工作中则表现为无所追求、不学无术或糊涂混日。

惰性在我们每个人身上都或多或少地存在，只有适当进行心理调节，克服自己的惰性，生活才会更加丰富有趣。

其实，想要克服惰性并不是件困难的事情。只要有目标、有追求就可以很好地克服它。俗话说"哀莫大于心死"，没有目标的人缺乏追求，终日无所事事、混沌度日。只要有目标就有所追求，也就会因此对生活充满希望，让人生活得更加充实，因此我们说，同学们都应该在学习上树立自己的宏伟目标，并为实现目标勤奋学习。

惰性较强的人应主动寻找生活压力。没有压力是好逸恶劳之人的通病，应比较客观地将自己与周围人作比较，找出与他人的差距，为什么别人就有所作为，自己却一事无成？为什么别人就受人尊敬，自己却被小瞧？感到自己不如人就要有迎头赶上的愿望，进而克服惰性，投身学习之中。

除此之外，好逸恶劳的人还应引入监督机制，这样做的好处是可以使自己置身于他人的督促之下。既然自己主动性差、管不住自己，不妨请自己的同学、家人或朋友监督自己的言行，在他人的帮助下克服惰性。

我们完全有理由相信，一个懂得珍惜时间、勤奋努力的学生，他的学习不需要老师和家长的督促，他会主动自发地完成，并且会完成得很出色。只要你是一个勤奋的学生，那么你在生活中各个方面的表现都会令每个人满意。

那么，要想成为一个勤奋的人，我们具体应该做些什么呢？

（1）合理安排时间

学习懒惰常常与生活散漫密切相关。根除懒惰首先要做的就是养成有规律的生活节奏。日常生活有条有理的人，往往做事也不会拖拖拉拉。

（2）激发学习兴趣

兴趣是勤奋的动力，一个人对某项事物产生了兴趣，便会积极主动地投入，消除怠惰。

（3）寻找榜样

找一个学习勤奋、做事勤劳的同学作为自己的榜样，并请这位同学多帮助和监督自己。

（4）培养勤奋作风

学习懒惰是一种不良的行为习惯，也反映了一个人对生活、对学习的一种态度和观念。勤奋的人比懒惰的人有更多的人生乐趣。

（5）加强体育锻炼

有些学生学习懒惰是因为身体虚弱或患有疾病，在这样的条件下，身体容易疲乏，学习难以持久。面对这种情况，要鼓励其多参加体育活动，改善营养，积极治疗，以增强体质。

"冰冻三尺，非一日之寒"，学习中的懒惰行为不是一朝一夕就能改变的，想要做到克服懒惰，就需要持之以恒的毅力，这样才能改正学习懒惰的行为。

学会和郁闷说再见

郁闷是不良情绪积压造成的,不仅伤心,而且伤身,它会搅乱我们的生活,损害我们的健康。当你郁闷时,请千万不要闷在心里,要给郁闷一个自然的出口,让其如洪水一样发泄出去。

想要排解郁闷,我们就要学会跟着自己的感觉走,在该笑的时候笑,该哭的时候哭,该发泄时就发泄。有关科学研究证明,适当发泄对身体有好处。所以,在心情不好的时候,你可以尽情地发泄出来,才能有利于身体健康。

古时,有一个人叫爱地巴,每当和人争执的时候,就会以最快的速度跑回家去,绕着自己的房子和土地跑三圈,然后坐在田地边喘气。爱地巴工作非常勤劳,土地面积也越来越广,但是,不论房地有多大,只要与人争论郁闷时,他还是会绕着房子和土地跑三圈。爱地巴为什么每次郁闷时都绕着房子和土地跑三圈?认识他的人心里都会这样的疑惑,但不管怎么问他,爱地巴也不愿意说明。

在爱地巴很老时,他的房子和土地也越来越大,每当郁闷时,他还是会拄着拐杖艰难地绕着土地和房子走,等他好不容易走完三圈,太阳都下山了。爱地巴独自坐在田地边喘气,他的孙子在身边恳求他:"爷爷,你年纪已大,不能再像从前,一郁闷就绕着土地跑啊!您可不可以告诉我这个秘密,为什么您一郁闷就要绕着房子和土地跑上三圈呢?"

在孙子的一再恳求下,爱地巴终于说出隐藏在心中多年的秘密。他告诉孙子:"在我年轻时,每次和别人吵架、争论,就会绕着房子和土地跑三圈,边跑边想,我的房子这么小,土地这么小,我根本没有时间,也没有资格去郁闷。一想到这里,我就舒服多了。就这样，我把所有的时间用来努力工作，才有了今天的成就。"

不解的孙子又问："爷爷，我不明白，现在您年纪大了，又变成了附近最富有的人，为何还要绕着房子和土地跑呢？"爱地巴笑着说："因为我现在还是会郁闷啊，郁闷时绕着房子和土地走三圈，边走边想，我的房子这么大，土地这么多，我又何必跟人计较？一想到这里，我心里又舒服了。"

虽然爱地巴发泄的方式让人觉得很奇怪，但无疑带来了意想不到的效果，所以，每个人都应该按照自己的个性，选择一种最适当而又有效的发泄方法，并将它养成习惯，那么当郁闷来临时，就不难立刻将它排解。

但无论遇到什么难题，首先要做的是先理智地分析一下情况，心平气和地把意见不和的地方拿出来同大家讨论。那种既伤人又伤己的发泄无助于解决分歧，反而会遗留下许多令你头痛的难题，所以应尽量避免。

要适当发泄就要给郁闷一个自然出口。适当发泄应取决于你的具体情况。比如，你是个很冲动的人，那就不妨在家里悬挂一个沙包，以方便自己的发泄。适当发泄的目的在于让郁闷自然地排解，所以我们首先要明确，发泄是否有利于达到目的，然后判断发泄是不是达到目的的最好方法，最后还要决定采取什么样的应对方式，这样才能恰到好处地让自己得以发泄，又不至于让这种不良情绪因过度表现而影响了人际关系。

要尽量减少产生不良情绪的可能性，我们就要学会体谅，学会宽以待人，学会恬静，但有时候，认认真真地发泄一次也是极有必要的（当然，必须是良性发泄）。毕竟谁也不希望让郁闷破坏了自己的生活和工作，甚至是自身的健康。